「元号」と戦後日本

鈴木洋仁
suzuki hirohito

青土社

「元号」と戦後日本　目次

「元号」と戦後日本

第一章
「元号」とは何か
——問いと対象

1、問いと射程

「元号」による時代区分への問い

「元号」によって時代を認識すること。あるいは、「元号」によって時代を区切ること。これらは、常識なのだろうか。

天皇の「生前退位」をめぐって、片山杜秀は、次のように述べる。

「明治人」とか「大正デモクラシー」とか「昭和一桁生まれ」とか言う。元号は日本人の歴史意識を根底から規定してきた。(1)

しかし、本当に、そうなのだろうか。片山の述べる通りだとして、いつから元号は日本人の歴史意識を規定してきたのだろうか。「元号」の区切り＝時代の区切り、とする見方は、本当に、日本人の歴史意識にとって、普通の営みだったのだろうか。

本書の問いは、ここにある。

本書では、**「元号」を、歴史意識における時代区分のインデックスであると定義**した上で、それが果たして、古来変わらずに安定して機能してきたのか、を問う。ただし、この問いは、日本における「元号」に限定されるものではない。時代区分という営みをめぐっては、フランス中世史家のジャック・ル＝ゴフが次のように明確に定義しているからだ。

歴史を時代に分けることは、けっして中立的で無邪気な行為ではない。近現代における中世のイメージの変遷を見ればそれは明らかである。このイメージを通して表現されるのは、一定の定義を得た歴史の流れに与えられる評価であり、集団的な価値判断である。それに、ある歴史的時代のイメージは時とともに変化していくものだ。[2]

たとえば、私たちは、「平成」という「元号」によって時代をイメージしているだろうか。

筆者は、前著『「平成」論』[3]において、「平成」という「元号」が、「昭和」のようには時代認識の枠組みとして機能していないと論じた。本書の問いは、ここから始まる。すなわち、「平成」へと改元してから、すでに三〇年近くが過ぎた。にもかかわらず、「平成文学」や「平成史」といったことばが、明確な像を結ばない。その理由は、平成がフラットになった＝中心を欠いているからだ、というのが『「平成」論』の結論であり、ここから本書が始まる。

「平成」という「元号」による時代区分は成り立たない。かたや、それよりも前の「元号」、「昭和」「大正」「明治」について、それぞれの「元号」を用いれば、各時代における時代精神が見えてくるのだろうか。本書の問いは、このようにも言い換えられる。

確かに、「元号」によって、各時代の政治体制や経済状況、あるいは、より漠然とした空気のようなものを表す記号は、これまでにも多く使われており、片山が述べるように、具体的には、「明治人」や「大正デモクラシー」、「昭和一桁生まれ」といったタームを用いれば、その時代ごとの雰囲気や空気までをも想像できる。

「明治の精神」という夏目漱石の小説『こゝろ』によって（正確には、その小説が「戦後」になり、国語教科書に掲載されるにつれて）人口に膾炙した表現からは、偉大なる明治天皇の姿を思い浮かべたり、あるいは、明治の先人たちが西欧列強に追いつこうと奮闘する姿に想いを馳せたり、といった形で、イメージを広げることができる。「大正デモクラシー」や「昭和一桁世代」からも、同じように、さまざまなイメージを持つことができる。

しかしながら、**「元号」から派生する、こうしたイメージや見え方は、いずれも「戦後」という時代区分に基づいているからこそ可能だったのではないか**。これが本書の問いに対する仮説である。ゆえに、これから読まれるのは、「戦後」という地点に立つことによって、「元号」による時代区分のしくみを解き明かす試みである。この点において、本書は、「元号」を論じる知識社会学であるとともに、戦後日本社会論にほかならない。

この仮説を提示するにあたっては、同じ元号でも、時代とともにそのあらわすところが変容してきた点を確かめておかなければならない。

「昭和維新」というスローガンは、その名前の通り、「明治維新」の再来として、「昭和」初期の国家改造を掲げる人々によって用いられた。この点で、「昭和」は、「明治」を思い出させる力強さ、あるいは、「大正」とは異なる時代の新しさをあらわしていた。

これに対して、昨今しばしば用いられる「昭和っぽい」、あるいは、「昭和くさい」といった表現は、古くささや、時代遅れ、レトロな感じをあらわす。映画『ALWAYS　三丁目の夕日』に代表される「昭和ブーム」の勃興とともに、人口に膾炙した表現だ（↓第三章⑴）。

「昭和維新」を掲げた「昭和」初期においては、「昭和」＝「新しい」であったし、さらには、「昭和」＝「明治」という重ね合わせでもあった。翻って「昭和くさい」を使う「平成」においては、「昭和」＝「古い」となる。同じ「昭和」という「元号」を扱っているにもかかわらず、このように、「昭和維新」と「昭和くさい」では、「昭和」の意味合いは、まったく異なる。

同じ「元号」を用いた時代の区切りであるにもかかわらず、時代のうつりかわりとともに、「昭和」の意味するところは、変わっていく。「昭和」は、「明治」「大正」と同じような、その直線的なレールの上に位置づけられる単純な記号ではなく、時代の変遷とともに、その意味するところもまた、姿を変え、変容していく。

そして、先に引用した片山杜秀が「元号は日本人の歴史意識を根底から規定してきた」と述べる、この規定は、「戦後」という、「元号」とはまた別の時代区分のインデックスが、媒介として作用することに起因するのではないか。

これが、本書の問いである。

そして、これから用いる「歴史意識」とは、自らの生きている時空間が、どのような背景の下で、いかなる経緯に基づいてつくりあげられてきたのか、についての自覚を指している。(4) この「歴史意識」に対して、「元号」がどのように作用してきたのかを、本書は考察していく。

「元号」とは何か――その歴史

では、「元号」とは、いったい何なのか。

それは、歴史における時代区分のインデックスであり、あるひとつの時代をまとまりとして捉える記号である。

このように定義する理由は、「元」ははじまりを、「号」が名前を、それぞれあらわしているという、元号の語源にある。辞書的には、「年号」と同じ意味だとされるものの、日本における法律は「元号法」と名づけられており、「年号法」ではない。「年」をあらわす「号」＝名前ではなく、はじまりとおわりをもった、ひとつのまとまりとしての側面を「元号」ということばがあらわしている。(5)

日本における「元号」と歴史意識をめぐる議論については次章で詳述するとして、ここでは、その制度的な側面を簡単に振り返っておきたい。

「元号」は、もともと中国において、皇帝が時間を支配するという考え方に基づき、(6) 漢武帝の時代（西暦紀元前一四〇年）の「建元」（けんげん）から始まっている[7]。ただし、これを現在も正式な制度として採用している国は、日本だけである。この点で、日本の独自性を象徴する制度といってよい。

日本では、西暦六四五年の「大化」を嚆矢とし、現在の「平成」まで二四六回の改元が行われている。日本の歴史上、天皇は今上天皇にいたるまで一二五代だが、改元の回数はその約二倍にのぼる。なぜなら、江戸期までは、さまざまな理由で改元が行われてきたからだ。その理由には、天皇の代替わりにとどまらず、政治的混乱からの脱出や、自然災害からの復興祈願など、天皇の権力や権威を見せつけるあらゆる要素が含まれている。たとえば、後醍醐天皇（一二八八―一三三九）は、二一年の在位の中で八回も改元し、その権力を周囲に誇示しようと試みている[8]。

江戸期にも、「元号」を実質的には幕府が選んでいたとはいえ、改元の手続きは古代以来の伝統を踏襲していた。近世史家の藤田覚《さとる》が説くように、「天皇による時間の支配を意味し、天皇による国土と人民の支配・統治を象徴する元号が維持されたことは、現代に至るまで大きな意味を持ち続けた[9]」のである。

そして、慶応四年＝一八六八年九月八日の「明治」への改元とともに「一世一元」、すなわち、一人の天皇の在位期間と一致する制度として、「一世一元の詔《みことのり》」によって明文化される[10]。その後、「一世一元」は、一八八九年（明治二二年）の大日本帝国憲法の発布、および同年の旧・

皇室典範の制定によって、法的根拠を与えられた。天皇は崩御するまで在位し続けることとなり、加えて、その在位期間と「元号」は一致することとなり、それゆえに、「元号」は、天皇個人の可死的肉体を起点として測られ、語られることとなったのである。(11)

大日本帝国憲法は、天皇について、「大日本帝国ハ万世一系ノ天皇之ヲ統治ス」（第一条）、「天皇ハ神聖ニシテ侵スベカラズ」（第三条）、および、「統治権ノ総覧者」（第四条）と定めていた。天皇は、君主であり、主権者であった。

「元号」は、大日本帝国憲法と同年の明治二二年（一八八九年）に制定された皇室典範によって、「践祚《せんそ》ノ後元号ヲ建テ、一世ノ間ニ再ビ改メザルコト、明治元年ノ定制ニ従フ」（第一二条）と定め、「一世一元」を明記した。主権者たる天皇が即位するとともに、新しい「元号」を制定し、在位中＝存命中は変えない。これを皇室典範は定めた。また、明治四二年（一九〇九年）には、より細かい規則を規定する登極令《とうきょくれい》においても、「天皇践祚ノ後ハ直チニ元号ヲ改ム。元号ハ枢密顧問ニ諮詢《しじゅん》シタル後、之ヲ勅定《ちょくじょう》ス」（第二条）、および、「元號ハ詔書ヲ以テ之ヲ公布ス」（第三条）と規定されている。天皇の側近である枢密顧問が新しい元号の候補を選んでから、最終的には勅定＝天皇自らが決めるものとして登極令は明記している。加えて、その公表の仕方については、「詔書」を用いると書かれている。この「詔書」とは、明治四〇年（一九〇七年）には、公式令において、「国家ノ大事」であり、法的効力を持つ詔勅であると定められた。

このように、大日本帝国憲法下での改元は、最高権力者である天皇が出す最高度の文書によって知らせていたのであり、古代以来の天皇の時間支配を顕現するイベントであった。
これに対して、日本国憲法では、改元ばかりか、「元号」そのものが、法的根拠を失う。天皇は、大日本帝国憲法下の主権者から、「象徴」へとその地位を変化させる。それとともに、天皇や元号について細則を定めていた皇室典範と登極令の二つの法令は、一九四七年の日本国憲法施行にともなって廃止され、前者は新しく制定され直している。同じ「皇室典範」という名称を持ちながらも、現在のそれは旧憲法下とは名実ともに全く異なり、改元はおろか、「元号」についても一切の記載がなくなる。
なぜなら、一九四七年二月に現在の皇室典範が制定された当時、日本を占領していたGHQ内部に、「元号」の廃止を求める意見があったためであり、加えて、日本国内の世論においても、一九五〇年には、「元号」廃止を求める法案が参議院に提出されるほど反対論が根強かったからである。[12]
国内外から「元号」についての異論が出ていたため、政府は、「元号」を法令では定めず、国会等でその法的根拠の欠如を追及された場合には、「事実たる慣習」という考え方でしのぐことになる。[13] しかし、一九七七年一月には日本社会党が、元号に反対する党の見解を公表し、あらためて「元号」廃止法案を提出する構えを見せる等、政治問題化する。このため、一九七八年に福田赳夫内閣が「元号」を法制化する方針を打ち出し、一九七九年六月の大平正芳内閣において、元号法案が可決・成立するに至る。[14]

この元号法は、「一　元号は、政令で定める。二　元号は、皇位の継承があった場合に限り改める」とわずか二条しかない、日本の法令上最も短いものであり、「昭和」までと同じく「一世一元」を定めている。そして、附則二において、「昭和の元号は、本則第一項の規定に基づき定められたものとする」という「見なし規定」をつけ、「昭和」についての法的根拠を後づけしている。

こうして「昭和」の法的根拠については解決したものの、次の「元号」についてどう対処するかは未知数だった。「昭和」末期の昭和六三年（一九八八年）当時、内閣審議室長として新元号制定の実務責任者を務めた的場順三は、「天皇陛下がお元気なうちに亡くなられるときの準備をしているということになると、不敬という批判を受けかねない[15]」として、「昭和」の次の「元号」を選ぶ作業を極秘裏に進めたと振り返っている。

それればかりか、「元號ハ詔書ヲ以テ之ヲ公布ス」と明確に記載されていた大日本帝国憲法下の登極令に相当する法令は、日本国憲法下では定められていない。旧憲法では、最高権力者＝天皇が、その時間支配を見せつける場面であった改元が、日本国憲法では、いかなる作用を及ぼしているのかは、法的には決められていない。

だからといって、「象徴」天皇の代替わりと改元が、日本国憲法下で完全に無関係になったわけではない。それどころか、直結する関係を継続しているのである。

日本国憲法では改元と「象徴」天皇に関する細則はない。にもかかわらず、元号法では「元号は、皇位の継承があった場合に限り改める」と規定されている。日本国憲法での改元は、「明治」から「昭和」までのように、主権者たる天皇の権力を発露する場面ではなくなった。しかし、「明治」以降、大日本帝国憲法下で定められた「一世一元」は、新憲法でも継承された。つまり、「象徴」となったといえども、天皇の代替わりと改元は直結したまま維持されているのである。

ゆえに、「平成」改元が発表された一九八九年一月七日、すなわち、昭和六四年最後の一日は、天皇・裕仁が死去した日だ。そして、翌日、一月八日に明仁皇太子が践祚＝皇位を継承し、改元も同時に行われている。日本国憲法においても、改元は、天皇の代替わりとセットである。この地点に、現在の「元号」は置かれている。

大日本帝国憲法から日本国憲法へと、政治体制を基礎づける法体系は、大きく変わり、「元号」をめぐる法制度もまた、確かに表面的には大幅に変更されたにもかかわらず、相変わらず、改元は天皇の代替わりを示すイベントとして位置づけられているのである。

天皇の代替わり＝崩御とともに、「元号」も替わり、そして時代が改まる。こうしてリセットの感覚と、各時代のまとまりをしめすインデックスとして、「元号」は機能してきたように見える。

しかしながら、こうした機能において、「元号」の「はじまり」と「おわり」にズレが生じてくる点もまた、指摘しておかなければならない。このズレとは、単純に天皇の生き死にのみによって、「元号」というひとつのかたまりによる時代区分がなされるわけではない、ということである。

言い換えれば、「明治」以降の「元号」は、それぞれの「はじまり」と「おわり」が安定したものとして固定されているのではなく、「戦後」との対応関係において、そのまとまりとしての性格を、徐々にかたちづくってきた、その点に着目しなければならない。

それゆえに、「明治」が終わったから、その次は「大正」になり、そして「昭和」「平成」とフラットに直線上に続いていくのではなく、「戦後」との相関関係において時代の変遷とともに性格づけを変えてきた、その過程を見つめなければならない。

「元号」は、日本語の時空間において、長い歴史を持ちながらも、しかし同時に、前述のように、「明治」の「一世一元」以降、性格を大きく変えている。この点において、日本の歴史、とりわけ「近代日本」を考える上で、格好のインデックスになりうる。日本の歴史は、古代以来、二〇〇〇年近い歴史を誇る一方で、「近代」において大きく転換している。日本は、長い伝統を持っているのか、あるいは逆に、日本という国家や伝統は「近代」になってから「つくられた」ものなのか。その答えは、どちらかに偏るわけではなく、どちらの側面もある。「元号」とは、まさにその両側面をあわせもつ、ティピカルに日本的な題材である。

さらに、「元号」は、現在の日本国の象徴であり、さらには、古代以来の歴史を担保してきた天皇と密接に結びついている。この点でも、「元号」は、まさにジャパネスクな、「日本」の歴史を考える上で、典型的な素材にほかならない[16]。

本書の問題意識――「元号」と「西暦」の非対称性

本書の問いは、時代をあらわす記号である「元号」が、なぜ、「近代日本」の「歴史意識」に作用するのか、ということである。そして、その作用が、いかなるものであるのかを、「戦後」という時代区分との関係性において明らかにすることである。

こうした本書の問題意識をよりクリアにするために、ひとつの補助線を引いておきたい。それは、「元号」を「西暦」と比べた上で、その両者の「歴史意識」への作用について確かめることである。

素朴に言えば、現在では「元号」よりも「西暦」によって時代を区分するほうが一般的だ。政府をはじめとした公的機関が作成する書類では、基本的に「元号」表記を用いているものの、「西暦」を併記している場合もある。また、新聞や雑誌においては、元号法施行前後を境に、元号年（西暦年）＝昭和五四年（一九七九年）という表記から、西暦年（元号年）＝一九七九年（昭和五四年）といった形で、「西暦」を優先しているケースへと変更している[17]。

「西暦」とは、言うまでもなく、「西洋」の「暦」のことであり、キリストの生誕を始点として、百年単位で、一世紀ずつ区切っていく数え方だ。この「西暦」を日本で用いるようになったのは、明治六年（一八七三年）元日をもって、「暦」を、太陰暦から太陽暦へと改めた（改暦）時点からである。このため、改暦よりも以前の「西暦」は、現在のそれとは一対一では対応しないため、微妙なズレが生じる。(18) にもかかわらず、便宜的にすべてを新暦に直した上で、「西暦」と「元号」を強引に結びつけている。

それればかりか、受験勉強やクイズでは、「鎌倉幕府の成立は一一八五年」、「江戸幕府の成立は一六〇三年」、といった形で、「西暦」での答えが求められる。それぞれ、「文治元年」、「慶長八年」にあたるものの、「元号」での答えは求められない。日本の歴史教育・教科書に対して、年号の暗記ばかりでつまらない、という不平不満がしばしば寄せられるものの、その暗記する対象は、あくまでも「西暦」であって、「元号」は求められない。加えて、こうした「西暦」の年表に基づいて歴史を教えるのは、日本だけだとの指摘もある。(19) すると、日本における「歴史意識」にとっては「西暦」のほうが重要であり、「元号」の存在感は、ますます薄いようにも思える。

同時に、「昭和」と「西暦」のあいだの、意図せざる偶然の相補関係についても指摘しておこう。「昭和」は、一九二六年に元年を迎えているために、偶然ではあるものの、「西暦」との五年ごとの区切りによって覚えやすい。しかも、昭和二〇年＝一九四五年というゼロ地点は、強烈なインパクトと効果を及ぼしている。だから、「昭和」は、今もなお、「平成」よりも覚えやすく、そして、世の中においてイメージが共有されているのである。

「西暦」というキリスト教に由来する合理性に基づいた記号と、「元号」という天皇の肉体を起点とする土着的な記号。この二つの記号による時間意識が、ぶつかりあい、共存しているのが、現在の日本である。こうした「元号」と「西暦」の非対称性について考えるにあたって、有効な問題提起をしている論者が柄谷行人だ。

柄谷は、（1）「元号」によって、ある時代のイメージを抱き、時代を区分することが可能になっていること、そして、（2）しかし、その「元号」による時代区分は、ある時期から有効性を失い、「西暦」へと取って代わられたこと、この二つの議論を展開している。

（1）について、柄谷は、次のように述べている。

われわれは明治文学とか大正文学とかいった言い方をする。すると、あるまとまったイメージが浮かび上がる。江戸時代についても同様で、元禄とか文化文政とかいえば、何かわかったような気がしてしまう。西暦でいわれるとピンとこないのだ。だが、こうした了解はわれわれを奇妙な錯覚に閉じこめる。この錯覚は、単純に西暦で考えてみるだけで明らかになるはずだが、必ずしもそうではない。（中略）われわれが「明治的」とか「大正的」と呼ぶものは、ある歴史的な構造を象徴するかぎりで確かに存在すると言っていいし、そのような名を廃棄することはそれを捨象してしまうことになる。[20]

柄谷は、ここで「明治文学とか大正文学とかいった言い方」や「元禄とか文化文政」による「あるまとまったイメージ」に着目するいっぽうで、「西暦」では、そのイメージが浮かばない、と述べている。

このような、「あるまとまったイメージが浮かび上がる」ありさまや、「何かわかったような気がしてしまう」雰囲気や、「ある歴史的な構造を象徴するかぎりで確かに存在する」ものとして、柄谷は、「元号」を捉えている。裏を返せば、「元号」は、「明治文学とか大正文学」、「元禄とか文化文政」においては、「西暦」よりも、はるかにはっきりとしたイメージを沸き立たせる要素である、と柄谷は捉えている。

この次に柄谷が展開するのが、先の（2）、すなわち、この「元号」による「あるまとまったイメージ」は、しかし、ある時期から「西暦」によって取って代わられる、とする議論である。

「昭和初年代」とか「昭和十年代」という言い方はポピュラーだが、そのような言い方が可能なのは「昭和三十年代」までである。「昭和四十年代」という表現はめったに聞いたことがない。というのは、「昭和三十年代」には「一九六〇年代」という表現がすでにオーヴァラップしており、またそれ以後は「七〇年代」や「八〇年代」というほうが普通だからである。(21)

「昭和三〇年代」を境界線にして、「昭和」という「元号」を用いた時代区分は有効性を失い、「七〇年代」や「八〇年代」といった形で、「西暦」による線分の方が「普通」になった、と柄谷は述べている。

柄谷による、この「元号」→「西暦」移行説を敷衍しているのが大澤真幸である。大澤は、次のように述べる。

昭和三十年代という言い方はよくしますね。しかし、昭和は六十四年まであるのに、たとえば、昭和五十年代、昭和六十年代という言い方はほとんどしないんです。昭和四十年代というのは微妙なところなんですが、五十年代よりははるかによく使いますが、しかし三十年代に比べたら全然使わないですね。中間的なところがある。

「〜年代」などという十年ごとに時間を区切る方法は、便宜の問題だと思うかもしれませんが、そうではありません。「昭和三十年代」という表現が使われるのは、それによって、僕らが一つの時代についてのイメージを持てるからです。つまりそういう切り方に何かある種の共同主観的な意味があるわけです。ところが昭和五十年代という切り方は、僕らに何のイメージも与えない。そのかわり何と言うかというと、一九七〇年代とか八〇年代とかと言う。あるいは現在も一九九〇年代という言い方をするわけです。昭和三十年代という言い方にはリアリティがあるのに、なぜ昭和五十年代にはリアリティがないのか。昭和四十年代には半分くらいリアリティがある。(22)

この引用箇所において、大澤が多用する「リアリティ」、そして、「一つの時代についてのイメージ」、あるいは、「ある種の共同主観的な意味」といった表現は、柄谷が使っていた「あるまとまったイメージ」と同義語と考えてよい。

「昭和三〇年代」をリミットに、「昭和」の「リアリティ」が薄らいでいくメカニズムについて、大澤は次のように解説する。

昭和という言い方は日本でしか通用しないんですね。ですから昭和三十年代というイメージを持てるのは、日本人か日本に相当コミットしている人だけなんですね。昭和三十年代はそういう共同性のユニットでものを考えるときに意味があったんです。ところが昭和五十年代という言い方にはあまり意味がない。どうしてだろうか。それは昭和五十年代に生きている人は、自分が日本に所属しているという自覚が、非常に乏しいからですね。他方、一九七〇年代とか一九八〇年代という表現は、言うまでもなく地球規模で通じると信じられているから、この表現を使うときに、自分は日本よりも広い世界、地球規模の世界に属しているという感覚が前面にせり出しているわけです。言い換えれば、自分が日本人であるということはもちろんわかっていても、そのことに特別な意味を見出せなくなっているときに、一九××年代という表現になるわけですね。(23)

柄谷の説く「元号」→「西暦」移行説の背景には、「自分は日本よりも広い世界、地球規模の世界に属しているという感覚が前面にせり出していること」、すなわち、「自分が日本人であるということはもちろんわかっていても、そのことに特別な意味を見出せなくなっている」状況があると述べる。

大澤の理屈をまとめれば、日本が一九七〇年代以降、「世界化」したと言える。あるいは、「元号」はドメスティックな感覚を、「西暦」はグローバルな感覚を表している、と言える。「元号」に基づく「歴史意識」を探る本書にとって示唆的なのは、「元号」から「西暦」へと時代を示す記号が移り変わった背景に、「日本人であるということ」に「特別な意味を見出せなくなっている」点を、大澤が挙げていることだ。

なぜ、示唆的なのか。

なぜなら、大澤の議論を逆に言えば、「日本人であるということ」に「特別な意味を見出す」ことが「できる」のは、「元号」の使用に根拠がある、という理屈になるためだ。それほどまでに「元号」は、「日本人であるということ」を担保する、重要なインデックスであったということになるからだ。

そして、本書では、この理由について、すなわち、「元号」は、本当に、「日本人であるということ」を支える死活的に必須なインデックスであるのか否か、そして、そうであるとすれば、その理由は何であるのかについて、探ろうと試みる。

こうした問題意識は、大澤が、自らの議論をさらにパラフレーズしている箇所を読むことで、さらに明白になる。

ですから、昭和三十年代という言い方になるときは、いわば日本人は日本人という自覚の下で生きているんですね。ところが昭和四十五年ぐらいを境にそういう時代区分が意味がなくなる。つまり、自分は日本人であるということが多くの日本人にとって派生的な意味しか持たないかのように感覚される時期が、昭和四十五年を境に起きているんですね。だから昭和五十年代、六十年代という言い方はないんです。(24)

大澤は、ここで「昭和四十五年ぐらいを境に」「自分は日本人であるということが」「派生的な意味しか持たないかのように感覚される」、その理由については、つまびらかにしていない。もとより、「元号」を用いた時代区分によって、「リアリティ」や、「一つの時代についてのイメージ」、あるいは、「ある種の共同主観的な意味」を持ちえていたのは、なぜなのか、そのメカニズムについても、つまびらかにしていない。

そこで、本書では、彼らの問題意識を受け継いで、そのメカニズムについて探求しようと試みる。

2、対象選択と認識利得

対象選択の原理について

問題意識を明らかにしたところで、ここで扱う対象選択の原理について述べておこう。

本書の対象＝「元号」は、百科全書的に、ありとあらゆる対象と結びつく。たとえば、「明治」に関わるあらゆる言説や運動を対象化しようとすると、そこには、「明六社」も、「明治美術」も、「明治文学」も、あるいは、「明治唱歌」も浮かんでくる。あるいは、「明治生命」や「明治製菓」といった企業の名前、さらには、「明治大学」「明治学院大学」といった大学の名称、または、「明治」を冠した地名も対象に含まれてくる。

よって、本書のように、「戦後」における歴史意識の変容を描き出すために、「戦後」との対応関係において登場する、という限定をかけてみたとしても、純粋に客観的な抽出とは言えない。それほどまでに、「元号」と結びつく対象は多様であり、百科全書的に拡大する。この多様性こそ、「元号」を軸にした時代区分が、強い力を持つインデックスとして成立している何よりの証左にほかならない。

言い換えれば、「大正デモクラシー」を取り上げてみても、なぜ、政治体制だけに「限定」されるのか、という反問がありうる。この反問は、すなわち、「元号」が別のコンテクストにも作用している何よりの証拠たりうる。なぜなら、この反問は、元号、というカッコなしで表記される、時代区分のインデックスとしてのみ作用するのではなく、文学や地名といった他のさまざまなものと結びつく「元号」というカッコつきの存在を前提としているからである。

すでに述べたように、「昭和」が「昭和史論争」と「昭和ブーム」において全く異なるように、それぞれの「元号」は、決して平板な直線上に機能的に等価な存在として並んでいるのではなく、逆に、それぞれの歴史意識の変容とともに、その意味を変え、そして時代区分としての意味合いを変化させてきている。

こうしたことを踏まえた上で、筆者が、なぜ、「昭和史論争」、「大正デモクラシー」、そして、「明治百年」という三つの素材を選んで論じているのか、その原理について述べておきたい。

その前に、まず、「元号」をひとつの「まとまり」として捉える見方が、夏目漱石が小説『こゝろ』において用いた「明治の精神」という表現に、萌芽を見られる点をふたたび指摘しておかなければならない。ここで、漱石本人は、無自覚な形で、「元号」という時代区分の形式を発見している。

あるいは、中村草田男もまた、俳句「降る雪や　明治は遠くなりにけり」において、漱石と同じく無自覚に、この立場を発見している。漱石や草田男の発見とは、すなわち、「明治」という箱や、かたまり・まとまり、を見出したことであり、時代を区分するオブジェクトとして、集団的記憶の対象として、「元号」を用いたところにある。

しかしながら、漱石の「明治の精神」が、時代を区分する表象として認識されるようになるのは、「明治百年」が取りざたされた一九六八年前後である。『こゝろ』が一九一四年に発表されてから五〇年もの時間を待たなければ、「明治」という「元号」が時代区分の指標として扱われなかったのである。(25)

では、なぜ、「元号」は、時代を区分するインデックスとしては用いられなかったのだろうか。

なぜなら、「元号」の長さ、すなわち、天皇の在位期間＝死去までの期間が、ある程度の長さを持たなければならなかったからである。「一世一元」を定めて初めての「元号」である「明治」だけでは、そこに「精神」を読み込めるほどの時代区分は認められないからである。なおさら、次の「大正」がわずか一五年足らずで終わってしまったのだから、時代精神を読み込んだり、時代を区分したりするような指標とはなりえないからである。

「元号」を用いた時代区分における、「明治」の意図せざる成功と、「大正」の意図せざる失敗。この両極端な時代を経た「昭和」にいたって、しかも、「戦後」という別のインデックスとの対比関係において、「元号」による時代区分が浮上した。

だからこそ、筆者は、数多ある――それも、百科全書のようにある――「元号」と結びつく表象の中から、この「戦後」との対比関係において用いられる三つのことがらを分析対象として選んでいる。

すなわち、「昭和史論争」、「大正デモクラシー」、そして、「明治百年」という三つの素材が、「元号」を主題とした大掛かりな論争の起点となった素材だからである。しかも、それぞれの論争が、いずれも、「戦後」との対比においてなされているからである。

裏を返せば、「元号」と「戦後」の対称性についての大掛かりな議論は、「戦前」には、ほとんど行われていないからである。換言すれば、「戦前」においては、「戦後」と「元号」の対称性をめぐる議論は存在しなかったからである。

もちろん、二〇一七年現在で言うところの「戦前」には、「戦後」という時代区分は存在していないから、「元号」と「戦後」の対称性をめぐる議論が存在しないのは、当然だ。「戦前」には、当時が「戦前」であるという認識は、当然のことながらなく、それゆえに「戦後」という時代意識も持ちようがない。

ただ、現在における「戦後」というものさしは、あまりにも強い拘束力を持ってきた（↓第二章）。「戦後」という時代区分は、「戦前」においても多用されていたにもかかわらず、「戦後」と言えば、第二次世界大戦後だけを指し示すことに、何の疑いも向けられない。そして、「戦後」で全てが変わったのだ、という歴史意識もまた、私たちを強く縛っている。

こうした「戦後」の強い拘束力の原点となったのもまた、本書で取り上げる「元号」との対称性をめぐる三つの議論であった。

「昭和史」＝「戦前」として切り捨てる視線への賛否をめぐって、「戦後」＝「現在」という時代認識が醸成される。また、「戦後民主主義」の原点として「大正デモクラシー」を称揚することによって、「戦後」と「大正」の相似性が立ち上がる。そして、「明治百年」か「戦後二〇年」か、という論争によって、論争当時の「現在」の起源点を「明治」にとるか「戦後」に求めるかの二者択一が生じる。

後述する（→三七頁以下）ように、**「戦後」と対比する「昭和」、「戦後」の相似形としての「大正」、「戦後」の起源としての「明治」**という三つの類型の原点に、本書で取り上げる三つの議論がある。それゆえに、本書は、「昭和史論争」「大正デモクラシー」そして、「明治百年」の三つを取り上げるのである。

別言すれば、この三つの論争は、「元号」と「戦後」という対称性を基盤とした歴史意識の形成において、重要かつ決定的なメルクマールであるからこそ、論じるのである。

さらに、この「昭和史論争」や「大正デモクラシー」、「明治百年」に関わった論者たちは、いずれも、先鋭的に「元号」と「戦後」をめぐる歴史意識を体現していた人物であった。平たく言えば、特異的な形で「元号」へのこだわりを見せた人々であった。そして、こうした人々が登場する点においても、「戦前」と「戦後」の変化を見出せる。

この「戦前」と「戦後」において「元号」が生じる意味が変化しているから、つまり、その変化があるからこそ、意味論＝Semantikという手法を参照点として用いるのであり、この方法については、第二章で詳述する。

「元号」というカッコつきの表記について

このような本書における対象選択の原理は、「元号」というカッコつきの表記に端的にあらわれている。

なぜ、わざわざ、「元号」という書き方をするのか。

その理由は、元号がもたらす訴求力・影響力をも射程に入れた記号としての存在として「元号」を位置づけているからである。先述のように、元号が中国に起源を持ち、日本でも導入され、そして、近代において一世一元となり、また、一九七九年（昭和五四年）に紆余曲折の末、元号法として制度化された、その過程を中心として述べるストーリーにとどまらない視点から、元号を位置づけようと試みているからである。

より素朴に言えば、「明治」「大正」「昭和」「平成」と、近代以降の「元号」を一列にフラットに並べるのではない視点から位置づけようと試みているからである。

カッコを付すこと。その意味論について論じた人類学者の木村大治《だいじ》は、著書『括弧の意味論』の中で、「いま・ここにある言葉を括弧に包むことによって、それがここことは別のコンテクストにも同時にあるものとして二重化する操作[26]」をカッコの機能として挙げている。

木村の定義を借りれば、「元号」という表記によって、「元」＝はじまり、「号」＝名前というだけではなく、さらには、各時代の天皇の在位期間を示すだけでもない。そうした時代の名前とは別のコンテクストにも同時にあるものとして、二重化する操作として、「元号」というカッコつきの表記を、本書は用いている。

もとより、近代日本における通俗的なイメージとしての元号は、いかなるものであったのか。カッコをつけない元号は、どのようなものであったのだろうか。

たとえば、司馬遼太郎は、「明治」の途中までを理想の国として位置づけ[27]、それとは反対に「昭和」の初年から敗戦までを「魔法の森」として斬って捨てる[28]。「戦後」という時空間で物語を紡ぎ、膨大なエッセイを書いた司馬は、その現在の原型としての「明治」と、その反対となる「昭和」と位置づける。

司馬が描いているように、通俗的なイメージとしての元号とは、昭和と明治の濃さであり、大正の薄さである。とりわけ、昭和は、戦争と高度経済成長という近代日本の成立に不可欠な二つの要素を含むために、より一層、濃く語られる。そして、明治もまた、明治維新＝近代の始まり、日清・日露の二つの戦争を含む、濃いイメージを持たれている。これに対して、大正は、その両者のエアポケットに落ちているかのように、イメージが薄い。

加えて、それぞれの時代の天皇のイメージもまた、この元号のイメージと循環的に働く。大帝・明治天皇。元首と象徴の二つを生きた昭和天皇。この二人は、戦争を指揮し、長命であり、元号は長く続いた。その狭間にいる、弱々しく、そして、短命であり、元号が短い大正天皇。

平成以前の三つの「元号」は、このように、濃さと薄さを交互に繰り返している。

さらに、昭和は、一九二六年に始まっている。このため、五年ごとに、昭和と西暦の一〇年ごとの区切りが訪れる。それればかりか、昭和二〇年＝一九四五年は、ゼロ地点として強烈に意味づけされている。

カッコをつけない元号は、一般的には、このようにイメージされている。

こうした元号に対して、ここで扱っている「元号」とは、こうした通俗的なイメージだけではなく、別のコンテクストにもあるものだと述べたが、では、その通俗的なイメージとは何か。通俗的なイメージとはすなわち、各時代が持つ特徴である。そしてそれは、政治において、社会において、経済において、いかなる出来事や変化があったのか、といったアクセントである。

そして、冒頭で述べたように、「元号」が、時代区分のインデックスとして機能するようになるのも、「戦後」との対応関係がもたらした効果にほかならない。さらには、もとよりカッコをつけない元号の持つ通俗的なイメージは、いかにしてもたらされたのかについても実は自明ではない。

この点で、「元号」というカッコつきの表記と、元号というカッコを付さない表記は、循環的に同時成立していると言えるだろう。より素朴に言えば、カッコなしの元号の持つ通俗的なイメージが最初にあり、その後になって、「元号」というカッコつきの表記がもたらされたのではない。そうではなく、通俗的なイメージは、先述のような別のコンテクストにも置かれる「元号」の成立とともに、お互いがお互いを刺激し、補い合うように、「戦後」とともに形成されてきたのではないか。

それほどまでに「戦後」という時代区分の拘束力は強く作用してきた。よって、本書で「戦後」というカッコつきで表記する場合は、あくまでも一九四五年八月一五日以降を指している。

本書では、「元号」を、単なる各時代の箱、あるいは、まとまりの区切りを示すだけではなく、別のコンテクストにも作用している点に着目する。このことによって、なぜ、「元号」を用いれば、大澤真幸が述べた「リアリティ」や、「一つの時代についてのイメージ」、あるいは、「ある種の共同主観的な意味」を持つことができるのか、その理由についても明らかにできる。

なぜならば、「元号」を用いれば「一つの時代についてのイメージ」を持てるか、その根拠については、柄谷も大澤も示していないからである。この根拠を示すためにも、別の観点からの相対化が必要なのである。

別言すれば、「元号」によって、「一つの時代のイメージ」を持つことの理由を解明するために、その問いを直接に問うのではなく、別のコンテクストにも同時に作用しているありさまを示すことが必要なのである。

では、なぜ、別のコンテクストが必要なのか。

それは、「元号」がもたらす「一つの時代についてのイメージ」と、別のコンテクストでの働きは、同時に、循環的に、しかも、「戦後」との対応関係において成立しているからである。

問いと認識利得――「元号」の三類型

本書の問いを、あらためて次のようにまとめておこう。

「元号」とともに時代を区分できるという集合的意識の生成、すなわち、「元号」の区切り＝時代の区切りという見え方は、「明治」以後、天皇と元号を一対一で対応させる一世一元以降よりも、「戦後」の「昭和」に構成された。より正確には、元号を時代の区切りとしたい、という期待が構成されたのではないか。

具体的には、時代区分に関して、「戦後」と対比する「昭和」、「戦後」の相似形としての「大正」、「戦後」の起源としての「明治」という三つの類型を提示できる。「明治」「大正」「昭和」の三つの「元号」が「戦後」との対応関係において浮上してくる場面を検証することによって、「元号」とともに立ち上がる歴史意識の三類型を提示できる。

図式的に記せば、「昭和」vs.「戦後」（「戦後」と対比する「昭和」）、「大正」≦「戦後」（「戦後」

広まっている対応関係を示せる。本書は、この類型が、いかにして生まれてきたのか、その理由を解き明かす。すなわち、この対応関係の考察によって、「元号」の歴史社会学として、「戦後」における歴史意識の変容を描き出せるのではないか。

これが、本書の問いである。

この問いを社会学的に解くことによって、「戦後[29]」の歴史意識の三類型だけではなく、「近代日本」全体の歴史意識の解明へと接続すること。これが、本書の認識利得である。

なぜ「社会学的に解く」のかと言えば、それは、「社会学が近代社会内で生まれた、近代社会を反省する言説だからである[30]」。そして、この近代の近代たるゆえんについては、「脱近代」という「終わり」の思想との関連[31]において、第六章において、「元号」をめぐる考察を経たのちに、あらためて考察する。

「元号」をめぐって語られたことがらを一次データとして用いながら、しかし、その視点自体を問い直す。さらには、「最後の最後であえて「素朴に」社会そのものを語ってしまう《飛躍》が要求される[32]」からである。

加えて、この「明治」「大正」「昭和」という三類型が、決して、バラバラに存在していたり、あるいは、順を追って展開したりしてはいない点も重要だ。ここで示した三類型は、相互に関係し、そして、同時進行的に、さらには、重なり合いながら、現在の歴史意識においても見られるのである。このため、筆者の議論は、直線的な発展段階論とは異なる。

確かに、一九五一年の「大正デモクラシー」、一九五六年の「昭和史論争」、一九六八年の「明治百年」と時系列・編年体で並べてしまえば、そこには、「元号」にまつわる歴史意識の「変遷」を読み取れる。けれども、筆者は、その「変容」であり、三類型を抽出している。そして、この三類型が、どのように構成され、現在において作用しているのかについて議論する。

よって、ここでの記述は、編年体＝クロノロジーを採用しない（↓第二章七五頁以下）。

3、構成と目的

構成

前述の問いに答えるために、筆者は、これからの議論を次のように構成している。

まずことわっておかなければならないのは、すでに述べている「元号」という対象の特異性に応じて、**本書が、前半＝理論編、後半＝事例編、といった、二部構成ではない**点についてである。

ここまでの論述においても明らかなように、「元号」をめぐっては、常に具体的な表象を事例として取り上げながら議論を進めない限り、従来と同じ戦後日本社会論や、抽象的な時代区分論へと回収されてしまう。

第二章では、「元号」と歴史意識の関係について述べる。そのために、まず「戦後」というインデックスに基づく時代区分とは、いったいいかなる営みなのかについて、常に具体的な対象を用いた上で、その相対化に向けた議論を進める。それゆえに、第二章は、決して考察に向けた準備作業としてだけではなく、同時に、すでに具体例の考察をも含んでいる。

その上で、第三章では、本書が時代区分論を先行研究としてふまえている、その理由を説明する。時代を区分けする、という営みは、「元号」に限らず、さまざまに行われてきた。それは、ジュラ紀、白亜紀、といった恐竜の進化に基づく区分であったり、あるいは、縄文、弥生、といった石器の様式をベースとする区分けであったりする。

なかでも、とりわけ「元号」が、「戦後」というまた別の区分を媒介とすることによって、近代日本の歴史意識に作用するにいたる、そのしくみを解明しようと、筆者は試みる。それゆえに、もちろん、「元号」そのものを論じた先行研究を検証するとともに、それ以上に重点的に、時代区分論とはどのような営みであったのかについて検証し、本書の学術的貢献を明確にする。

この検証とは、すなわち、筆者が、社会科学――なかでも、社会学として「元号」を扱う――その積極的な意義について論じることでもある。抽象的な時間論を扱う哲学でもなければ、時系列の変遷を記述する歴史学でもない。学知そのものの存在意義を問う実践としての社会学として、本書を位置づける。

加えて、第二章では〈歴史社会学〉という枠組みを用いて、「元号」を対象とする問題意識の基本構成を述べる。主として、佐藤健二による歴史社会学の基準、（1）歴史遡及が現在性から出発することへの自覚、（2）比較を通じた脱領域性、（3）研究主体の立場性に関する再帰的な実践に沿って、本研究の立場を明らかにする。具体的には、（1）問題設定が、「平成」という元号による時代区分の困難という現在性であり、（2）「明治」以来の時系列という比較枠組みを設定しており、（3）こうした歴史社会学の記述それ自体への分析視角を有している点を論じる。同時に、第三章以降で扱う対象の選定基準についても述べる。

第三章から第五章では、「昭和史論争」、「大正デモクラシー」、「明治百年」を論じる。具体的には、「昭和史論争」と「もはや「戦後」ではない」の同時代性、「大正デモクラシー」と「戦後民主主義」の類似性、そして、「明治百年」か「戦後二〇年」の対比性といった、「元号」と「戦後」の関係性をめぐる議論が生じた、そのしくみと理由を考察する。

第三章では、「昭和史論争」と「もはや「戦後」ではない」という標語の同時代性に着目する。三人の若手歴史学者が書いた『昭和史』（岩波新書）は、当時のベストセラーとなり、そして、文学者たちとの間で論争に発展した。同書は、「昭和史」＝「戦前史」として切り捨てた上で、「戦後」という新しい地図を描き出そうとしていた。その構図を描くために、自分たちの議論の「科学性」を主張していた。そして、同時期に、「もはや「戦後」ではない」という経済白書の標語が流行語となるほどに人々の支持を得た。この同時代性について、その形成過程と、理由を論じることによって、「昭和」と「戦後」の対比性、すなわち、「昭和」vs.「戦後」という類型の形成過程を分析する。

続く第四章で扱うのは、「大正デモクラシー」に「戦後民主主義」の相似型を見る機制である。「大正」≦「戦後」という通念は、「戦後民主主義」のプロトタイプを「大正デモクラシー」に見る傾向である。しかし、この術語を広めた歴史学者・信夫清三郎は、そこにネガティブな意味を込めている。にもかかわらず、「大正」≦「戦後」と捉えられる理由は、なぜなのか。これを論じる。

第五章においてテーマとするのは、「明治百年」において、「明治」∪「戦後」という類型が、「戦後二〇年」との対称性において、なぜ、そして、どのように形づくられたのか、という点である。「明治百年」を国家的なイベントとして進めようとした政治の側と、これに対して、「戦後二〇年」を打ち出した評論家や歴史学者たちがいる。一見すると、「明治百年」か「戦後二〇年」か、という問いは、所与のものに見える。

しかしながら、「明治百年」を提唱した桑原武夫とそれを引き継いだ竹内好の構想は、二者択一ではない。「明治」に対して、桑原は複数性を、竹内は二重性を見ている。この意義を、第五章において詳述する。

最後の第六章では、本書の最終目的である、「近代日本」全体の歴史意識の解明に向けた青写真を描く。具体的には、「近代」「日本」「歴史意識」の三つのパートに分けて、それまでの論述を振り返りながら、ここでの議論の価値と、今後の課題についてまとめる。

現代の歴史意識のために

本書は、「戦後」をめぐる知識社会学であり、戦後社会論である。具体的には、歴史学や文学の成果それ自体を資料として扱い、読み、分析する。「昭和史」や「大正デモクラシー」や「明治百年」をめぐる議論を対象として、その形成過程と、理由の知識社会学的な解析によって、史学史や文学史においても、有益な貢献をなす点で価値がある。

問題関心としては、柄谷行人や大澤真幸、そして、昨今における、「昭和ブーム」さまざまな分析が提示した「元号」の機能に着目し、その上で、「元号」という時代区分が、なぜ、そして、いかにして形作られてきたのか、それをテーマに考察する。

このテーマについては、これまでもいろいろな論者が、何となくどこかで気にかけて、少しずつ論じているのだが、仔細には論じていない。本書は、このテーマをめぐって、「戦後」というメルクマールを置いた上で考察している点において、知識社会学であり、戦後社会論であり、史学史であり、そして、文学史でもある。

では、なぜ、「元号」の三類型を提示することが、「戦後」の歴史意識の解明へ、「近代日本」の歴史意識の解明へとつながるのだろうか。それは、冒頭で述べたように、まさに、現在の歴史意識と通底しているからだ。

なぜなら、「元号」によって時代を区分する作法は、「戦後」との対応関係において浮上し、確立したからであり、決して古くからの伝統的なものではないからだ。現状を説明しながらも、同時に、現状を相対化すること。この点で、「元号」と「戦後」の対応関係の考察は、〈歴史社会学〉であり、決して過去の話を検討するだけにとどまるものではなく、現代の社会意識＝歴史意識の解明へとつながってくる。

そしてまた、ここでの試みは、「時代」や「年代」といったまとまりによって世界を把握しようとする作法への新たな知見をもたらす。

日本語圏だけではなく、「年代」や「時代」によって世界を認識しようとする作法は、散発的に見られる。たとえば、イギリスにおけるヴィクトリア朝時代、フランスにおけるアンシャン・レジームといった、政治体制に基づく区分がある。あるいは、一九五〇年代、や一九九〇年代、一九世紀などといった「西暦」＝キリスト教紀年に基づく年代区分。または、歴史学における、古代、中世、近代、といった時代区分がある。

こうした時代区分は、それぞれの背景があり、しかも、統一されているわけではない。確かに、キリスト教紀年に基づく年代区分は、現在では、世界的に広まっているものの、その歴史は古いものではない（→第六章）。また、政治体制に基づいて区分する作法もまた、歴史把握の一面に過ぎない（→第四章）。

本書は、日本語圏の、それも「戦後」における「元号」という対象に限定した考察をおこなうことによって、こうした、世界中にあるいくつもの時代区分や年代区分の相対化・対象化への考察の一里塚となる。ここで言う「相対化・対象化」とは、単に「いろいろある」という散在性や複数性を示すだけではない。その背後にある知見を浮き彫りにし、そして、現在が孕む歴史意識の重層性を示し、過去や未来への想像力を涵養するのである。[33]

『「平成」論』で積み残した課題の解明にむけて

ここで、拙著『「平成」論』での議論を、あらためて振り返っておきたい。

同書の出発点は、「二〇〇〇年代」という「西暦」の「年代」表記は一般的だが、「平成一〇年代」とは言わない、というところにあった。さらに、失われた一〇年、平成不況、バブル崩壊、といった、ことばは乱立するものの、高度経済成長のような、確定的な表現はない。あるいは、「昭和な感じ」とは言うものの「平成な感じ」という言い方はない、と同書で述べた。「昭和史」をめぐる議論は、「昭和」のころから同時代的に行われていたものの、「平成史」は不可能な試みであり、フラットな＝中心のない時代として、同書では、「平成」を描き出した。

天皇もまた時代認識を裏づける確固たる存在からフラットな元号を示す記号へと変わる可能性を示唆した。

そして、同書における課題として、次の仕組みの解明をあげた。それは、一九七〇年代や一九八〇年代のディケード（一〇年区切り）は西暦でしか呼ばず、昭和五〇年代や昭和六〇年代といった「元号」の区切りを使わなくなる理由の解明であった。元号法が制定され、法的根拠が与えられた昭和五四年＝一九七九年の次の年からの一〇年間＝一九八〇年代を、もはや、だれも、「昭和五〇年代」とも「昭和六〇年代」とも呼ばなくなってしまう機制の解明が、『「平成」論』において積み残した課題であった。

本書は、この課題の解明を直接解くわけではないが、しかし、その解明へとつながる基礎を築く営みである。

冒頭で述べたように、「平成」よりも前の「元号」が、いかにして中心を持っていたのか、あるいは、そもそも中心を持っていた時代だったのか、そして、それは、いかにして形成されてきたのか、といった基礎的な問いを考察する。

この考察は、日本語圏の社会において、現在あるいは過去の一時期を「元号」やディケード（一〇年区切り）やその他のインデックスによって「時代」として対象化し、表象する、その意味論を解くことの基盤を築くことである。

「平成」において「元号」による時代区分が失われている、もしくは、成り立っていない、とすれば、その失効とは、同時代意識だけでなく、過去や未来をも含む歴史意識にも何らかの効果を及ぼしている。この効果の根本にあるものを、筆者は解き明かす。

次章では、やや煩瑣と思われるかもしれないものの、本書における先行研究と方法について詳述する。博士論文をベースにしている本書にとって、次章は必須であるとともに、「元号」という、社会学においてこれまで体系的に論じられてはこなかった対象を論じる上でもまた必要不可欠であるからである。

第二章

「元号」と歴史意識

——先行研究と方法

1、「戦後」と「元号」

「戦後」

ここでは、本書が用いる先行研究と方法について述べる。具体的には、日本において「元号」が、どのように歴史意識と関係してきたのかについて、まず、これからの議論における「戦後」という概念を位置づけた上で、先行研究としての時代区分論を整理する。その上で、筆者が用いる方法を定める。

第一章で述べたように、本書は、「元号」を扱う知識社会学であり戦後日本社会論である。この戦後日本社会論とは、いったいどのようなものなのだろうか。

「戦後」とは、遠藤知巳の表現を借りれば、「敗戦からの時間的距離として引かれていく直線」[1]であり、すると、戦後社会論とは、一九四五年＝昭和二〇年八月一五日をゼロ地点＝出発点とする時間の積み重ね＝時代区分の上で、日本社会を論じるものである。

この「戦後」という直線は、少なくとも本書が扱う一九七〇年前後までは、日本における歴史意識にかなり強い拘束力を及ぼしていた。その拘束力は、同時に、柄谷行人や大澤真幸が論じたように、「昭和」という「元号」の方が「西暦」よりも「リアリティ」を持っていた事態と重なる。そして、この重なりとは、すなわち、「元号」が「戦後」との対応関係において浮上してきたメカニズムと同義である。本書が戦後日本社会論である、その理由は、ここにある。「戦後」[2]という直線による時代区分。そして、その歴史意識への強い拘束力を解明する点において、本書は戦後日本社会論なのである。

当然のことながら、「戦前」には、「戦後」という時代区分は存在しない。日本語圏において、戦後という時代区分が、大々的に用いられた最初の時期は、一九一四年から一九一九年にかけての世界大戦中のことだった。[3]

あるいは、戦後という表現そのものは、たとえば、『日本国語大辞典』（小学館）にあるように、明治四年＝一八七一年六月発行の「新聞雑誌」五号において、「戦後朝鮮へ以後の掛合を致しけるに返答明暢ならず」として顔を見せる。戊辰戦争や、日清・日露戦争の「後」をあらわすpostwar の訳語としても近代以降の日本語の時空間に定着し、そして、一九一四年から一九一九年にかけて爆発的に流通する。

他方で、日本語圏の外から見ると、この「戦後」という表現の融通無下さが気になるようだ。アメリカ合衆国の日本研究者キャロル・グラックは、日本における「戦後」という時代区分の長さについて、「不確実な現在よりも永遠で揺るぎない」[4]と指摘する。確かに、日本語圏の「戦後」は、終わりなく、あたかも永遠に続くかのように、使われているのかもしれない。

しかしながら、素朴に言えば、次の戦争が起こり、それが「終わる」までは、「戦後」が続く。上記で参照したように、第一次世界大戦中に流行した「戦後論」は、もはや誰も参照せず、太平洋戦争の「後」、すなわち、一九四五年八月一五日以後を指す表現としてのみ、「戦後」は流通している。事実、キャロル・グラックが生きるアメリカ合衆国では、「戦後」は第二次世界大戦の「後」を示すわけではなく、朝鮮戦争の「後」や、ヴェトナム戦争の「後」、あるいは、直近では、イラク戦争の「後」を示している。「戦後」は、このように、どの戦争の「後」かによって、時々に応じて変化する。ただ、日本語圏の場合、一九四五年に終わった戦争の「後」に、新しい戦争を行っていないために、「戦後」が、いまだ続いているに過ぎない。

この意味で、「元号」が百科全書的であるのに対して、「戦後」はニュートラルな、あるいは、フラットな直線だと対比できる。(5)

あるいは、「戦前」との対比においても、「戦後」のフラットさは明らかになろう。フランスの日本研究者ミカエル・リュケンが述べているように、日本語における「戦前」の思考とは、戦争への準備や心構えを持つ時代であり、それに対して、「戦後」とは、不断の努力によって、戦争を回避しようとする姿勢である。(6) 言うまでもなく、この「戦前」という視線もまた、「戦後」という時代区分の浮上とともに形づくられてきたのである。

戦後社会論として「元号」を論じる

こうした「戦後」という時代区分について、佐藤健二は、次のように警句を発している。

一九四五年に始まる「戦後」という区切りがどこかで問われない安定的な区切りとなって、それ以前にまではなぜか遡る必要がないかのように内閉してしまう諸論考の歴史意識にも、この限定的な〈現在中心主義〉が作用していたと思う[7]。

また、佐藤健二は、別のところでも、次のように警戒を呼びかけている。

一九四五年八月に深く刻み込まれた区分の意識は、対象構築のうえで大きな断絶となってしまっているだけでなく、「近代」をトータルに把握しようとするばあいの、いわば論理狭窄の一因ともなっている[8]。

加えて、佐藤俊樹は、一九九八年の時点で、「日本の近代化は一八六八年＝「明治維新」と一九四五年＝「終戦」という二重の起源点で語られてきたが、それももはや自明ではない[9]」と述べている。この「二重の起源点」を、筆者がどこまで相対化できているのかについては、これからの論述にかかっているし、またあらためて、第六章において論じる。

本書は、こうした一八六八年と一九四五年という二つの起源によりかかるのでは、な、い、その相対化を目指す。「戦後」と「元号」との対称性を再考することによって、両者の強い磁場をともにキャンセルしようと試みる。

より正確に言えば、「戦後」という枠組みの強さを対象化して、再考するためには、「元号」との対称性を利用しなければならない。いわば、「戦後」と「元号」の両者を同時にキャンセルしようと試みなければ、両者は相対化されない。それほどの強さを「戦後」は、持っていたし、戦後日本社会論は、その強い磁場の中で論じられてきたし、今も論じられている。

戦後社会論として「元号」を論じるということは、すなわち、「日本の近代化は一八六八年＝「明治維新」」という起源点では、語ることができないということにほかならない。

なぜなら、「一世一元」こそ「明治」への改元と同時に定められたものの、すでに第一章で確かめたように、法的根拠を持つまでには、改元から二〇年以上も待たなければならなかったからである。

もちろん、慶応四年（一八六八年）九月八日に発せられた「一世一元の詔」においては、「一世一元、以って永式と為す[10]」とあり、ここにおいて法的根拠を与えられたとされている。しかしながら、より狭義には、大日本帝国憲法の制定とともに定められた皇室典範における明文化、さらには、その二〇年後の登極令といった細則を待たなければならない。

すなわち、「明治」への改元は、確かに「一世一元」を定めてはいたものの、法体系に位置づけられる明文化までには、二〇年を要したのであり、「日本の近代化は一八六八年＝「明治維新」」という起源点に託して語ることはできない。

もちろん、一九四五年＝「敗戦」という、もうひとつの起源点に関しても、「元号」は、当てはまらない。

一九四五年における「敗戦」をどの日付に基づくか、といった議論[11]は措くとしても、「明治」から「昭和」に至る「元号」の法的根拠であった旧・皇室典範、および、登極令は、日本国憲法の施行とともに効力を失う。当然、「昭和」という「元号」もまた、法的根拠を失った。ところが、これもすでに述べたように、「昭和」は、「事実たる慣習」という考え方に基づいて、「敗戦」以後も継続した。憲法が変わり、しかも、法律の基盤がなくなったにもかかわらず、「昭和」という「元号」は、生き続けた。だから、一九四五年＝「敗戦」は、「元号」にとって起源点ではありえない。この年は、「戦後」というもう一つの線分にとっては、まぎれもないゼロ地点にほかならないが、しかし、「元号」にとっては、何ら区切りとはなっていない。

よって、「日本の近代化は一八六八年＝「明治維新」と一九四五年＝「終戦」という二重の起源点で語られてきたが、それももはや自明ではない」という佐藤俊樹の言明は、「元号」に関しては、あまりにもきれいに当てはまってしまう。

そこで、これからの議論においては、「戦後」を、「昭和二〇年＝一九四五年をゼロ地点＝出発点とする時間の積み重ねであり、敗戦からの時間的距離として引かれていく直線」として定義している。そして、「戦後」との対応関係において、本書は、次の三点を抽出する。

「もはや「戦後」ではない」との文句が広まった一九五六年に起きた「昭和史論争」の検討によって、「戦後」と「昭和」の関係を問う。また、「戦後民主主義」の危機に際して取りざされた「大正デモクラシー」との相似性を考察する。そして、一九六五年ごろに「戦後二〇年」と対比された「明治百年」の検討によって、「戦後」の起源を「明治」に見るメカニズムを解明する。

筆者は、「元号」と「戦後」という時代区分のインデックスをア・プリオリにしない、という点において、ここでの議論を、これまでの戦後社会論とは一線を画するものだと位置づけている。よって、本書は、「元号」をめぐる知識社会学であり、戦後社会論でもある。

言い換えれば、これまでの歴史学や文学、思想史といった議論そのものを素材とし題材とする点においてもまた、従来の戦後日本社会論とは異なり、そして、メタ戦後社会論とも位置づけられる。

「元号」と歴史意識をめぐる典型的な二項対立

「元号」と歴史意識を論じる場合、往往にして、天皇をめぐる議論にとらわれてしまう。なぜならば、一世一元となり、天皇という可死的肉体の在位を起点として測られる時代区分になって以降、「元号」を論じる際には、否応なく、天皇の生死を考慮にいれなければならなくなってしまうからである。天皇から自由になろうと試みても、結局は、天皇と「元号」をイコールで結び、そして、その存在についての踏み絵をつきつけられてしまうからである。[12]

こうした議論の典型例として、アメリカ合衆国の日本研究者ケネス・ルオフを挙げられる。ルオフは、次のように整理している。

元号に代わるものとしては西暦によって年を数える方法があるが、西暦は世界の大半の国、そして日本が発展のモデルとしてきた国で採用されていた。日本語では西暦（キリスト教暦）の「西」という字は、「西側」もしくは「西洋」を意味するにすぎず、必ずしもこの暦に含まれているキリスト教的性格を意味してはいない。Christian Calendar ではなく Western Calendar というのが、西暦の訳語にはふさわしく、日本人にとって「西暦」は世界に通用するスタンダードだった。これと対照的に、元号を使用するとなれば、日本の独自性を強調することになる。元号制をめぐる論議は単純な問いによって言い表せる。すなわち、日本は世界的な慣行を採用するべきか、それとも独自に文化的慣行を維持するべきか。元号の使用は天皇が在位する期間に沿って、ものごとを考えるように日本人に促すものなのである。[13]

このルオフの知見は、「元号」と歴史意識をめぐる議論についての典型的なプロトタイプである。すなわち、彼は、「元号」の意味を強調すると偏狭なナショナリストとなり、逆に、「西暦」に軍配を上げれば国際的なポストモダニストになれる、という二項対立＝ダイコトミーを示している。「元号」に対して賛意を明らかにするや否や、右翼やナショナリストという称号を貼られてしまう。かたや、「元号」ではなく「西暦」を正式に採用するような見解を述べただけで、あたかも「国際的」になったかのような気分に浸れてしまう。

単純に言えば、「元号」を使う背景には、「日本の独自性を強調する」歴史意識があり、逆に、「元号」を使わなければ、「世界に通用するスタンダード」を重視する歴史意識がある、というわけだ。

これを、もう少し具体的に解いてみよう。

鶴見俊輔は、「時代が元号によって区分されることは、日本人の歴史把握を相当にまどわせてきた[14]」と批判した上で、しかしそれでも、「現代の日本人にとって、大正時代の文化は、大正天皇の顔かたちとダブって、一つのまとまりあるイメージをつくっている[15]」と述べる。また、佐藤健二も「天皇の元号を軸に区切られた時代区分は一定の強い力をもつ尺度として成り立っていた[16]」と論じる。これらは、「元号」を「創られた伝統[17]」として位置づける歴史意識だ。

こうした議論と対立するのは次のような論理だ。「元号」は制度として残っているにもかかわらず、時には語呂あわせもまじえて、歴史上の年号を「西暦」を使って覚える。だから、「元号」は形骸化し、「西暦」を使うようになった。そして、その理由は、日本がグローバル化して、世界に通用する時間の尺度が必要になったからだ。「平成」のような「元号」は、日本でしか流通していないから、もう古くなって、どんどん使わなくなる。こういった「西暦」に軍配をあげる議論も可能だ。

そして、ルオフが示す、こうした歴史意識の二項対立は、為政者の側にだけではなく、日本国民にもまた共有されていた。「元号」は、「一世一元」以前においても、天皇の在位期間や治世のしくみと密接にかかわっていたからである。

事実、「元号法」制定は、政府のみが率先していたというよりも、全国各地に巻き起こった支援運動によって先導されていた。こうした支援運動を、法哲学者の井上達夫が「下からの天皇制[18]」と呼んでいるように、「元号」は、権力者から一方的に押し付けられたのではなく、日本国憲法下において、より一層、支持を集めていた。そして、「元号法」として法的根拠を持つように強く望んだのは、ほかならぬ日本国民であったのである。

そして、こうした「下からの天皇制」と名づけられるしくみこそ、「一世一元」という制度と、元号法という法制度が同居する点において、まさしく、「戦後」において形づくられたのである。

それは、なぜか。

その端的な証として、「戦後」における「元号」をめぐる国会での議論が挙げられる。敗戦から五年後、一九五〇年の通常国会に「元号廃止」を定める法案が提出される。この廃止法案の審議において、ルオフが示した「元号」をめぐる典型的な二つの立場が鮮明に打ち出されていた。この廃止法案を生み出す元となった世論の典型として、一九四六年一一月三日、日本国憲法公布を伝える読売新聞は、一面に「新憲法と元号」とのタイトルで、次のようなコラム（東京杉並・千葉了・東洋文化協会員による）を掲載している。

われわれの歴史生活は〝元号〟の枠があるために、世界とのつながりも、現代へのつながりも明確を欠いて、文化失敗に陥りこんな敗戦ともなった。（中略）新憲法発布を機として、西暦制採用に関する明かな国策を宣明すべきであろう。[19]

「元号」によってドメスティックな枠組みに縛られてしまったために、「文化失敗に陥り」、敗戦を迎えた、とまで言う。だから、新しい憲法とともに、「西暦制採用」を国策として定めなければならない、と訴えている。[20]「元号廃止」をめぐる議論とは、まず、「元号」に法的根拠を「持たせない」ことをめぐって始まったのである。

この読売新聞のコラムから三年あまり後の一九五〇年一月、参議院文部委員会に、「元号」を廃止し、西暦を採用する法案が提出される。ここではこの法案をめぐる仔細な議論に立ち入らないが、たとえば、「元号廃止、西暦採用には賛成である、西暦の方が勘定がしやすいし国際的である」といった亀山直人学術会議会長のことばや、「個人としては年号に愛着がある、慎重を期せられたい」とする柴沼直教育大学学長のことばを見ておけば十分に事足りよう。[21]

彼らの議論は、「元号」を廃止するのか、あるいは、それを存続させて法的根拠を付与するのか、という二つの相反する立場を両極として、その範囲のグラデーションの違いに基づいた議論が展開されていた。

ここで注意しなければならないのは、「元号」に法的根拠を持たせるためではなく、「元号廃止」を定めようとした点である。同法案は、審議未了となり廃案に終わる。ただ、「戦後」すぐの時期において、失われた法的根拠を「元号」に与え直すよりも、「元号廃止」を求める動きの方が強かった点こそ、注目に値する。

「元号」に賛成すれば「日本的」であり、反対すれば「西洋的」あるいは「進歩的」だと考えられてきた、その様子は、引用した当時の議論に明らかだ。が、しかし、「元号」に賛成していたとしても、「西洋的」あるいは「進歩的」だとする立場も、そして同時に、反対していたとしても「日本的」だとする立場も、ともにありうる。

にもかかわらず、先に引用したケネス・ルオフのように、「元号」に対する立場だけを根拠として、「日本は世界的な慣行を採用するべきか、それとも独自に文化的慣行を維持するべきか」とするダイコトミーのどちらかに、その歴史意識を固定されてしまう。[22]

これが「元号」をめぐる典型的な議論であるけれども、本書は、こうした二項対立による歴史意識を描こうとはしないし、クロノロジカルな歴史叙述を描こうとはしない（→七五頁）。

2、先行研究の整理

時代区分論とは何か

「元号」をめぐる先行研究として本書が参照するのは、時代区分論である。

その理由は、これまでに述べてきたように、「元号」とは、時代区分のインデックスだからであり、ある時代の「はじまり」と「おわり」というひとつのまとまりをかたちづくる上での、重要な記号だからである。

「元号」が、いかにして近代日本の歴史意識に作用してきたのか、という問いは、すなわち、「元号」というインデックスが、いかにして時代を区分するにあたって機能してきたのか、という問いだからである。

では、時代区分とは何か。それは、形式的でありながらも、一般性を欠いており、論者によって異なっている。つまり、時代区分は、それを唱える論者が、どのような歴史意識を反映している。それゆえに、時代区分に理論的な根拠を与えようとする時代区分論とは、論者の恣意性をあらわす記号にほかならない。また同時に、この点において、「元号」というカッコつきでの表記と高い親和性を持っている。

この点について先に引用したフランス中世史家のジャック・ル＝ゴフは、次のようにも定義している。

時代区分は人為であり、それゆえ自然でもなければ、永久不変でもない。歴史そのものの移り変わりとともに、時代区分も変わる。そういう意味で、時代区分の有用性には二つの側面がある。時代区分は過去の時間をよりよく支配するのに役立つが、また、人間の知が獲得したこの歴史という道具のもろさを浮き彫りにもしてくれるのである。(23)

本書は、まさしく、この「時代区分も変わる」点において、「元号」というインデックスの機能を解明しようと試みている。この「道具のもろさ」について、本節では、ル＝ゴフ以外の論者のことばを借りながら、あらためて確かめ、そして、先行研究として検討してみたい。

日本における中世研究を刷新した歴史家・網野善彦は、『日本史大事典』（平凡社、一九九三年刊）の「時代区分」を次のように書き始めている。

「時代区分と歴史認識」歴史への探究は、人々がそれぞれいかなる社会に生きているのかを理解しようとするところから始まるが、それはおのずと、その社会が歴史の流れのなかでどのような時代として位置づけられるのか、という問題を導き出すこととなる。この問題に直面して、人々はみずからの生きる時代を正確に知り、未来に向かっての社会の動きを見定めるために、なんらかの根拠に基づいて歴史をいくつかの時期に区分する、さまざまな試みを行ってきた。このように時代区分は歴史認識と不可分の関係にあると言えよう。しかし、人々がその生きる時代をいかなる立場からとらえ、未来への道を見いだそうとするかによって、区分の根拠の求め方に差異が生まれ、異なる時代の区分の仕方が出てくるのは当然であり、古くから現在に至るまで、歴史を探究、叙述しようとした多くの人々によって、多様な時代の区分が行われている(24)。

網野が解説する通り、純粋かつ客観的な時代区分は存在しえない。依って立つ歴史認識に応じて、「区分の根拠の求め方に差異が生まれ、異なる時代の区分の仕方が出てくる」。それゆえ、歴史学においては、さまざまな議論がこれまで交わされてきた。

しかも、それは、未来への視線と不可分の関係にある。どのような認識、すなわち、発展段階論にたつのか、それとも、類型的に歴史を把握するのかによって、大きく立場は異なる。時代区分は、形式的なものでありながら、一般性がない。どの時代の何の要素を基準として時代を区分するのかは、論者によって異なる。そのため、歴史学における時代区分に関する議論は、段階論と類型論の組み合わせでなされている(25)。

前章において参照した「元号」と「西暦」をめぐる考察において、柄谷行人は、歴史学の議論について次のようにまとめている。

区切りは歴史にとって不可欠である。区切ること、つまり、始まりと終りを見いだすことは、ある事柄の意味を理解することである。歴史学は、ほとんど区切りをめぐってあらそっているといってよい。というのは、区切りがそれ自体事柄の意味を変えるからだ[26]。

区切ることが、ある事柄の意味を理解することである以上、区切る根拠となる視線や論理こそが、問題になってきた。このしくみをめぐって、歴史学者の佐藤正幸は、次のように整理している。

ヨーロッパの近代歴史学は、年代記と呼ばれる通年年数に依存した歴史記述の長く強い伝統から抜け出ることによって成立したものであり、歴史を考えるとは時代を区分することに他ならないというベネディット・クローチェの言葉は、まさにこのヨーロッパ的状況における年代記からの脱却を指摘していると言える。歴史の事実そのものの中に、区分が存在するのではない。過去を見る人間の精神の中に、「箱詰めする」・「区切る」ことによってしか、過去という堆積物を意味のあるひとまとまりのものとして識別することの出来ない、認識受容のメカニズムが存在するからなのだ[27]。

そうした「区切りをめぐってあらそっている」ありさまを、井上章一が提起した論争含みの書『日本に古代はなかった』にみてみよう。井上は、何をもって「中世」のはじまりと定義するかをめぐる二つの歴史観の対立を見ている。

一つは、畿内が中心となる荘園制を、関東の武士が打ちくだく筋書きを描くものだ。井上は、これを、東京大学を中心とする「関東史観」と呼ぶ。もう一つは、ヨーロッパ中世を参考に、中国史において漢帝国が終焉をむかえる三世紀以後を中世と見る歴史観だ。井上は、これを、京都大学の内藤湖南《こなん》や宮崎市定《いちさだ》を始祖とする「京都学派」の歴史観と名づける。

井上もことわっているように、後者＝「京都学派」が日本史に積極的な時代区分をおこなっていない以上、平等には比べられない。ただ、井上は、数々の事例をあげながら、こう断言する。

京都をうしろむきの、日本の進歩をおしとどめた地域としてえがきだす。武士を、とりわけ関東の武士を、進歩のにないてとして位置づける。

こういう歴史観＝関東史観は、明治維新以後に成立した。江戸時代にはありえない見方である。それは、天皇を京都から東京へうつしかえたあとだからこそ、うかびあがりえた。天皇はもう関東にいる。玉座は東京にある。そんな安心感が土台にあって、畿内をおとしめることができるようになったのである（表記は原文ママ）(28)。

「関東史観」は、「武士の中世」を輝かしいものとして賛美したいがために、おろかしい古代を設定している、と井上は述べる。だから、彼は、「日本に古代はなかった」と結論を下す。[29]井上が打ち出すように、本当に日本に古代があったのか否か、あるいは、そもそも中世の区切りをどこに求めるのか、それは、きわめて日本的な文脈に依存している。そして、このような問題提起、すなわち、日本の歴史学という限定された範囲から、時代区分を解放しようという案は、学界内部からもすでに提出されている。

時代区分論の相対化にむけて

中世史を専門とする保立道久は、「歴史家は相互に協力しなければ広域的で長期的な規模をもつ歴史というものを読み解いていくことはできない」以上、「「時代区分」というのは実際には相互無関心の免罪符にしかすぎないというような関係がある[30]」と慨嘆する。その上で、こう述べている。

やや戯画化していえば、日本では律令が読めて木簡などの文字史料にも目を配る歴史家が担当するのが「古代」、故実的な経験と実感的な知識によって武家文書を読み、幕府制度を専門的に語ることのできる人々が担当するのが「中世」、お家流でかかれた大量の文書の集団的蒐集と分析に手慣れた手腕をもつ人々が担当するのが「近世」というようになっているのではないだろうか[31]。

保立にいわせれば、「「古代・中世・近世」という時代区分は、ほとんど歴史家の棲み分けに依存した職業的暗号かジャルゴンのようなものに過ぎないと嘲笑しておいた方がよいとさえ思う[32]」のだから、「一国史的な範疇としての「古代・中世・近世」という用語を何か意味のある学術用語であるかのように使用することはもうやめてしまおう[33]」と提案する。

「古代・中世・近世」は、ともに歴史家にしか通用しない術語であり、しかも、学術用語ですらない、と保立は述べる。その理由は、「日本の歴史常識としての「古代中心性」を脱構築し、「日本史」なるものを相対化しよう[34]」というのが保立の主張だからである。「世界史上に登場した社会構成はきわめて多様、無数[35]」であるにもかかわらず、「それらを同じ人間が住んでいる社会として統一的で一貫した学問的方法によって解明することができるというのが歴史学者の確信であるはずである。そもそも歴史学者の役割は空間のみでなく時間の離れた別の社会をも、文字どおり同じ「人間の社会」として捉えきり、それによってヒューマニズムを過去から支えることにある[36]」。ゆえに、「「古代・中世・近世」という用語を使用する場合は、基本的に世界史的範疇としてのみ使用しよう[37]」と保立は提案する。

保立が唱えるように、普遍的な歴史は成立しえず、それぞれに固有の歴史があるからこそ、「世界史」という尺度で記述する意味が見出せる。とするならば、時代区分を日本という枠組みから解放し、世界史的な見地に立てば、「時代区分論」はあらたな意味を持つのだろうか。

筆者は、こうした保立による見解の当否を問うものではない。が、少なくとも、「日本の歴史常識としての「古代中心性」を脱構築し、「日本史」なるものを相対化しよう」という保立の主張は、「元号」によって「リアリティ」や「あるまとまったイメージ」を持つ根拠を問う本書にとっても、十分に示唆的である。

古代・中世・近世、という時代区分を前提とはしないことを求める保立の議論は、「明治」「大正」「昭和」という区分が「あるまとまったイメージ」を作り出すことを前提とはしない本書と、同じ姿勢に立っている。

本書が、第一章において、柄谷行人の議論を受けて問題意識を定式化している理由も、先述のように、「時代区分論」という議論そのものをも分析対象とするからである。つまり、「時代区分論」の前提を問うために、「時代区分論」を素材として保立をはじめとした論者が持論を展開したように、本書もまた、先行研究それそのものを、データとして、素材として、分析対象として扱うのである。

そして同時に、「元号」や「戦後」による時代区分をア・プリオリにせずに、その相互依存的な関係性を浮かび上がらせる点において、これまでの時代区分論とも、さらには、戦後社会論とも一線を画しているのである。[38]

3、「方法」について

佐藤健二による〈歴史社会学〉の基準

ここで、本書の方法を定めておかなければならない。

本書は〈歴史社会学〉を掲げている。それゆえに、編年体での記述ではなく、テーマ＝「元号」ごとに構成している。

〈歴史社会学〉を掲げる理由は、「歴史」を「社会学」しているからだ。「戦後」との対応関係において浮上してくる「元号」をとらえることによって、「戦後」における歴史意識の変容を捉えようとしているからである。そして、〈歴史社会学〉という枠組みを用いながら編年体ではない理由は、「元号」が、編年体で書かれる年表のインデックスだからである。すなわち、「元号」という編年体の基盤を対象化し、それを問うためには、編年体を選択してはならないからである。

また、ここで〈歴史社会学〉とカッコつきで表記している理由は、この表記によって、事態の本質的な部分を表現してきた社会学者の見田宗介にならっている。単に「歴史」を「社会学」しているだけではなく、歴史社会学の本質的な理解に基づいていることを示すためである。編年体＝クロノロジーによって記述する歴史学に対して、〈歴史社会学〉は、そのクロノロジーそのものの相対化を目的としている。〈歴史社会学〉としての本書は、二つの「元号」を、「戦後」という準拠点に基づいて比較し、歴史意識を解明しようと試みている。それゆえ、編年体を選択してはならない。

そして、この方針は、より微分すれば、「意味論＝Semantik」の探求と位置づけられる。この「意味論＝Semantik」をめぐっては、参照しなければならない議論が数多いものの、ここでは、素朴に、「戦前」と「戦後」において「元号」による歴史意識に変化・変容があり、その変化・変容を観察するために、意味を問う手法として定義しておきたい。

「意味論」は、ことばや文章の意味を歴史的な変化などを扱う言語学や記号論の一分野を呼ぶ場合がある。しかし、ここでは、それとは違う含意をもたせている。

本書における方法は、佐藤健二による次のような〈歴史社会学〉の背景と対応している。

日常が単なる伝統的な慣習の模倣ではなく歴史的社会的に構築された実践の集積なのだという、その問題の発見それ自体が、歴史というカテゴリーあるいは観念の構成のされかたの変革を必要とし、そうした観念を生み出し支えている方法論の批判を必要としたからである[39]。

本書は、「歴史的社会的に構築された実践の集積」として、「元号」による時代区分に見られる戦後の歴史意識の変容という「問題の発見」を行っている。

そして、佐藤は、次の三つの歴史社会学の基準を定めている。それは、(1)歴史遡及が現在性から出発することへの自覚、(2)比較を通じた脱領域性、(3)研究主体の立場性に関する再帰的な実践、という三点である。これらを本書に照らしあわせれば、具体的には、(1)問題設定が、「戦後」における歴史意識の変容という現在性であり、(2)「明治」「大正」「昭和」と「戦後」という比較を行っており、(3)「戦後」における歴史意識の変容を検討する現在へと問いを向けている。

注意しなければならないのは、この三点目にあたる「再帰的な実践」についてである。しばしば誤解されたり、過剰反応されたりするように、この「再帰的な実践」とは、研究主体による、自らの政治性への反省ではない。自らが、たとえば、白人の既婚男性であるがゆえに権力の側に立っている、といったような、そういった政治性に敏感でなければならない、といったような、そうした自己反省を指してはいない。

そうではなく、この本で言えば、「元号」を論じる、その立場性そのものを、「戦後」という文脈に照らして問い直すこと、それぞれの言説を各時代の文脈に位置づけて解釈することこそ、佐藤健二が定義する「再帰的な実践」にあたるのである。この点において、前章で定めた、時代区分論そのものの相対化という本書の方向性は機能する。

これまでに何度か述べているように、「戦後」や「元号」という時代区分のインデックスを、ア・プリオリにせずに、当時の文脈に即して問い直す営みこそ、この「再帰的な実践」にほかならない。

この点に留意した上で、あらためて佐藤の議論のポイントを整理すれば、それは、資料の社会的存在形態の認識の重視にあり、どのフィールドで議論をするのか、そして、そこでどのような作法が求められるのか、という、場の構築と作法の形成にある。場の構築、そして、作法の形成、この両者が、互いを規定し、そして、資料の社会的存在形態を支えている。これが、佐藤の示した三つの基準のベースにある。

「戦後」という時代のくくりの中で、言い換えれば、戦後社会論というフィールドにおいて議論するにあたって、「元号」を問う、その場の構築であり、作法の形成こそ、本書で位置づける「意味論＝Semantik」であり、〈歴史社会学〉である。この点において、佐藤の議論は、すべてが資料であり、そこには社会的な関係があらわれるのだ、という認識にほかならない。[40]

「元号」とは、すでに確かめたように、ありとあらゆる存在に関連する百科全書的な存在であった。「元号」は、超越的な概念ではない。しかし、「元号」は、制度としてだけではなく、人々の意識にも影響を及ぼしている。しかも、「元号」は、使われるフィールドや、扱われる作法によって、その都度、規定される。

この点で、筆者は、「元号」にまつわる資料の社会的存在形態を重視すればこそ、〈歴史社会学〉という方法を、選択している。

クロノロジーを選択しない理由、そして、方法の再定位

では、なぜ〈歴史社会学〉でありながら、いや、であるがゆえに、編年体＝クロノロジーで、はないのか。

その理由は、編年体＝クロノロジーによって記述する歴史学に対して、〈歴史社会学〉は、その編年体そのものの相対化を目的としているからである。〈歴史社会学〉としての本書は、三つの「元号」を、「戦後」という準拠点に基づいて比較し、歴史意識を解明しようと試みている。それゆえ、編年体を選択してはならない。

佐藤俊樹は、「「こういう言説はこういう社会状態の現象／結果だ」という形で、言説の外部に社会という実体を置き、その両者に対してともに外在する特権的な視点として自己を定位する[41]」作法を知識社会学だと、位置づけている。

また、言説分析について本書は、佐藤俊樹[42]や遠藤知巳[43]の議論を参照している。佐藤と遠藤によればフーコーの言説分析では言表／言説の単位を確定できず、言説の全体性も措定できない

のに対して、通常の社会学では、分析単位の確定可能性と全体性の実在（それが社会であれテキストであれ）を素朴に信憑しているという。その意味で、言説分析は、「反・社会学」的であるとされる。[44]

こうした点を踏まえれば、本書は、純粋に客観的な視点を想定する知識社会学でもない。さらには、資料空間の全体性を想定せずに資料相互の上下関係をも棄却する言説分析でもない。そして、歴史的なクロノロジーに則った物語展開を試みる歴史社会学でもない。

このとき、これらの三つの方法論にまたがる営みとして、筆者は、「意味論＝Semantik」として、その方法を位置づけている。なぜならば、繰り返すように、「元号」にまつわる歴史意識の変化・変容を観察しようと試みているからであり、その変化とはすなわち、「元号」がフラットに等値されるようになった現在地点を相対化し、そして、「戦後」というその現在地を規定している視角を対象化しようと試みているからである。

この対象化をめぐる態度は、佐藤俊樹による、社会学における「社会」の語り方、つまり「社会の内部にいながら社会を語れているという事態」に示唆を受けている。自らがそういう事態にあるという反省的な気づきと問い、すなわち自己言及的な自省性の強さは、社会学の成立当初からその大きな特徴になっている。社会学が全体を語れるように見えるのも、本来この問いの系にすぎない。[45]

また、北田暁大は、社会学自体が「フラットである／ない」という一次理論の生産当事者であると述べる(46)。

本書は、こうした再帰的な社会学の実践としての「意味論＝Semantik」の探究を、方法として選択する。「明治」と「昭和」は単純に長いから語られて、「大正」と「平成」は単純に短いから語られない、さらに、「昭和」の中には、「戦争」という大きな断絶がある、とする、通俗的なイメージ（→第一章三四頁以下）から、いかに自由になれるのかは、この「意味論＝Semantik」という方法論をどれだけ貫けるかにかかっていると言っても過言ではない。

こうした一般的な見方は、「元号」が、どれをとっても、ひとしく、時代のひとつのまとまりを作るインデックスとして機能している、という「戦後」的な価値観に由来している。この「戦後」というインデックスをも相対化し、そして、「元号」との相互依存的な関係を浮かび上がらせるために、続く第三章から第五章にかけての考察が行われる。

そこで見るように、「戦後」との対応関係において、「昭和」「大正」「明治」という三つの「元号」が呼び出される。社会のまとまり、という「全体社会」は、「元号」という時間軸の上で、どのように想定されているのか。そして、未来や過去を、どうとらえるのか。こういった意味論の変容の探究こそが、本書の課題である(47)。

第三章
「昭和」
――「昭和史論争」と「もはや「戦後」ではない」の同時代性

「昭和」。

それは、現在では、「古くささ」や「懐かしさ」、ないしは、「レトロ」をあらわす記号となり、そして、映画『ＡＬＷＡＹＳ　三丁目の夕日』に代表されるような、古き良き日本人を象徴する記号として使われている。

加えて、近年では、映画『ＡＬＷＡＹＳ　三丁目の夕日』のヒットをきっかけとした「昭和ブーム」、あるいは、「昭和ノスタルジア」と呼ばれるムーブメントが、社会風俗としてのみならず、アカデミックな世界においても分析対象となっている(1)。

しかしながら、この「昭和ブーム」分析においても、なぜ、「昭和ブーム」といった形で、「元号」＝「昭和」が用いられるのか、という問いが、オミットされている。すなわち、なぜ、「昭和」が、「古くささ」や「懐かしさ」をあらわす記号として機能しているのか、という問いは、不問に付されている。

より正確にいえば、「昭和」という記号によって、ひとつの古き良き時代という区切りを指し示せるのか、その理由と仕組みについては、解き明かされていない。

そこで、本章では、「昭和」という時代区分が、「戦後」との対比関係によって形づくられた、そのメカニズムについて明らかにしたい。この解明にあたって重要な要素となる年は、一九五六年＝昭和三一年であり、その年に起きた、「昭和史論争」と呼ばれる、歴史学者と文芸評論家を中心とした論壇における議論にほかならない。『昭和史』という岩波新書の一冊が巻き起こした論争が、「昭和」という時代区分の成立を支えたのである。

図式的に言えば、本章の問いは、**なぜ、「昭和」vs.「戦後」という対比性が生まれたのか、**というものであり、そして、あらためて注意を喚起しなければならないのは、**この「昭和史論争」における「昭和」とはすなわち、「戦前」と同義であり、現在における「昭和」とは異なっている**点である。

「昭和史論争」における「昭和」とは、同じ「古くささ」であったとしても、しかし、戦争という膨大な死者たちとの血なまぐさい記憶とともに立ち上がるものであったし、おそらくは多分に忌まわしく、忌避したい思い出とともに使われるインデックスであった。

ここにおいて、「戦前」＝「昭和」として切り捨てている視点が成立したがゆえに、「昭和」＝古いもの vs.「戦後」＝新しいもの、という二項対立が成立したのである。そして、この二項対立の成立にあたって、『昭和史』の著者たちによる、自分たちの姿勢を「科学的」であるとの主張が、大きな要素となっていたのである。

本章では、こうしたメカニズムを解明していくのだが、その前に、まず時代背景について確かめておかなければならない。

0、一九五六年の「戦後」

この「昭和史論争」が起きた一九五六年とは、経済白書に書かれた「もはや「戦後」ではない」とのフレーズが流行語となっていた。

『昭和史』の著者たちは、「昭和」＝「戦前」として切り捨てて、「戦後」を持ち上げることを企てた。そして、その立場を「科学的」なのだと強弁した。それと同時期に起きていたのは、「もはや「戦後」ではない」というスローガンへの熱狂的とも言える支持であった。いっぽうでは、いまこそ「戦後」だとする姿勢への注目が集まり、同時に他方では、「もはや「戦後」ではない」とする立場への支持がみられる。「戦後」をめぐる、二つの正反対の、矛盾する態度が共存しているように見える。「戦後」は、これからなのか、それとも、もはやこれまでなのか、どちらなのか、わからなくなる。

この二つの立場は、いかにして両立していたのだろうか。

「昭和」＝「戦前」と打ち捨てる立場と、「もはや「戦後」ではない」として「戦後」を捨て去る立場。この二つの立場は、同時に起きてこそしかるべきなのであり、それゆえに、「戦前」においては、「昭和」が浮上しなかったことも明らかになるのである。

それは、なぜか。

なぜなら、まず、「戦前」における「戦前」という時代区分は、現在（二〇一七年時点）とは全く異なるからである。すでに述べたように、「戦前」においても「戦後」という時代区分は多用されており、その最も顕著な時期は、一九一四年から一九一九年にかけての第一次世界大戦中のことだったからである（→第二章五二頁以下）。「戦前」における「戦前」とは、たとえば、一九一四年以前のことであり、そして、「戦前」における「戦後」とは、たとえば、一九一九年以後のことであったからである。

加えて重要なのは、「戦前」における「戦後」は、あくまでも世界大戦を起点にしている点である。日本は、世界の一部ではあるものの、しかし、戦争という経験、それも、極限的な殲滅戦という人類初の経験からは、この一九一九年の時点では遠く離れていた。だから、この時点での日本における「戦後」は、「もはや「戦後」ではない」と述べるような、克服するべき苦しい時期ではなく、他人事だった。たとえば、「戦前」における「戦前」は、確かに、例えば、「大正史」と呼べる期間と同時期であるとはいえ、もちろん、そのような形で歴史を振り返ることはありえない。「戦前」における「戦前」を「大正史」として、打ち捨てることに、いかなるリアリティーも意味もなかった。

翻って、「戦後」における「戦前」は、「戦後」における「戦後」よりもはるかに切り捨てるべき意味があり、価値がある。司馬遼太郎（一九二三―一九九六）のように、「昭和」＝「戦前」を「異常な時期」として切り捨てる作法に大きな共感が寄せられる。

ここに、『昭和史』の著者たちも寄りかかったのである。

本章で詳しく見るように、「昭和」という「元号」のイメージを大衆が共有している点を利用して、「昭和史」＝「戦前史」＝悪として断罪しようとしたからこそ、そこに、わざわざ「科学的」だとする根拠を込めなければならなかった。

「明治」において一世一元が定められた後の「元号」は、一人の天皇の在位と同じ長さであり、すなわち、その天皇の死去によって終わる。主としてマルクス主義的な歴史観に基づく者たちは、「元号」制度そのものを強く批判してきたし、「元号」ではなく「西暦」による時間表記の方が合理的なのだと述べてきた。本書でのパターン分類で述べれば、「創られた伝統論」の担い手こそ、彼らマルクス主義者たちにほかならない（↓第一章、第二章）。

「昭和史論争」の発端となる『昭和史』は、「昭和」＝「戦前」に限定しているわけではない。しかしながら、この『昭和史』の著者たちは、逆に、「昭和」という「元号」を冠して歴史を記述することにこそ意味を見出している。「大正」から「昭和」という改元への着目によって、『昭和史』が書かれるよりも前の歴史学においては注目されてこなかった視点を浮き彫りにできるのだと、その著者たちは信じている。

それればかりか、『昭和史』の著者たちは、そうした自分たちの姿勢こそ、「科学的」なのだと主張している。

本章では、このような『昭和史』における「元号」をめぐる歴史意識を素材として、「昭和」vs.「戦後」という対比性が成立する機制を論じる。

本章で述べるように、亀井勝一郎《かついちろう》という文芸評論家が、『昭和史』という岩波新書「青版」に対して、「歴史家の資格」を問うた点にこそ、この対比性を考察する上で重要な示唆が含まれている。

よって、『昭和史』が岩波新書「青版」から発行され、すぐさまベストセラーとなった点に注目しなければならない。また、『昭和史』をめぐって、文芸評論家が「歴史家とは共感の苦悩に生きる人のことだ」と論難し、歴史学者・遠山茂樹が「科学性」を楯に反論したやりとりに注目しなければならない。当時の言論界において存在感を発揮していた文芸評論家にとっての歴史と、歴史学者にとっての歴史のズレが、『昭和史』という「元号」を掲げたベストセラーを舞台として浮き彫りになった点こそ、ここでの議論では有益だ。

そして、この論争が、「もはや「戦後」ではない」と言われた一九五六年に起きた点にも注目しなければならない。なぜなら、この一九五六年の前年＝一九五五年とは、いわゆる「五五年体制」と呼ばれる戦後政治を象徴する勢力図が形成された年だからである。[2]

一九五五年当時の自由党と民主党、そして、社会党の右派と左派が、それぞれ合同・統一を果たし、その後、一九九三年の自民党政権崩壊まで続く政治体制を「五五年体制」と呼ぶ。この体制は、「五五年体制」であって、「昭和三〇年体制」ではないし、「戦後一〇年体制」でもない。

あくまでも「西暦」という、「昭和」でも「戦後」でもない、もうひとつまた別の線分によって命名され、使われ続ける。もちろん、同時代的に「五五年体制」と呼ばれたわけではない。初出は、升味《ますみ》準之輔（一九二六―二〇一〇）が一九六四年に書いた論文であり、政治学の領域で盛んに論じられるのは一九七〇年代後半以降のことである。升味は、当該の論文「一九五五年の政治体制」を、「現在の政治体制の構成がいつできたかときかれれば、私はためらわず一九五五年と答える」[3]と書き始めている。

この論文は、岩波書店の雑誌『思想』に掲載されているから、同社が「元号」を、土着的な、あるいは、ナショナリスティックな記号として捉えていればこそ、「一九五五年」という西暦を用いたと推測される。

ただ、そうした推測よりも、事実として、一九六四年の時点から一九五五年を振り返った際に、「昭和史論争」や「もはや「戦後」ではない」といった、一九五五年から一九五六年時点での話題に左右されず、何のためらいもなく「西暦」を用いていた点が、「昭和」と「戦後」の対称性を考える本書にとっては、きわめて示唆的だ。

つまり、例えば、「昭和三〇年体制」としてみても、「戦後一〇年体制」としてみても、どちらも、それぞれの意味づけがなされてしまうからこそ、別のニュートラルな線分である「一九五五年」を用いて、升味は、この政治体制を表現したのである。

逆に言えば、それほどまでに、一九六四年の時点ですでに、「昭和」と「戦後」には、それぞれの意味づけがなされていたことの傍証になりうる。さらに別言すれば、一九五六年の時点で、『昭和史』といった形で、それまでの歴史を総括する営みは、きわめて大胆であり、鮮烈であった傍証にもなりうる。[4] かかる時空間における「昭和史論争」とは何だったのか、を以下では論じる。

1、「昭和史論争」再考[5]

「昭和」における「昭和」という再帰性

議論に入る前に、「昭和」という時代のなかにおいて「昭和」を振り返る『昭和史』の新規性と新奇性について確かめておかなければならない。

既述のように、「戦前」における「戦前」は、「戦後」における「戦前」と、意味合いが違う。同じ様に、「戦前」における「昭和」と、「戦後」における「昭和」もまた、位相が異なる。「戦前」においては、「昭和」＝悪、あるいは、「昭和」＝異常な時期、として切り捨てる必要はなかった。そして、この理屈は、「昭和」以外の「元号」にも同じくあてはまる。たとえ、天皇のイメージが優れていないとしても、「大正」は、決して忌まわしい一時期ではないから、打ち捨てる必要はない。ただ、「昭和」初期に起きた「明治ブーム」によって、「大正」の影は薄くなるばかりではあった。

この「昭和」初期の「明治ブーム」は、偉大な明治天皇の再来を、新しい天皇＝のちの昭和天皇に向けて願う人々によって、もたらされた。日清・日露の二つの戦争を率いて日本を大国へと導いた偉大な天皇＝「明治」天皇、というイメージは、広く流布していたからである。加えて、「大正」年間を通じた、「明治」神宮の建立や、「明治」文化研究会の活動といった、「明治」を回顧し、そして、保存しようとする動きによって、「明治」は、「昭和」初期においてブームとなっていた。

この「昭和」初期の「明治」ブームを、最も端的にあらわしているのが、「明治節」の制定だ。

「大正」期に、国民の休日だったのは七月三〇日、すなわち、明治天皇崩御の日であった。しかし、昭和二年（一九二七年）になって、国民の度重なる請願運動に応じる形で、一一月三日、すなわち、明治天皇の誕生日が、「明治節」として休日に制定される。[6]「大正」期における「明治」は、明治天皇の大喪の礼を終えてもなお、その崩御の日＝七月三〇日を休日としていた点に明らかなように、ただひたすら偉大なる先帝の死を悼む記号であった。[7]

対して、「昭和」期における「明治」は、明治節として、明治天皇の誕生日＝一一月三日を休日にせよという国民からの請願運動が起きていたように、その誕生と「昭和」を重ねようとしていたのであり、「昭和」は、「明治」の再来であることを期待されていたのである。

このように、「戦前」において、あるいは、「大正」や「昭和」において、その前の「元号」は、過去を振り返る記号としては機能していたものの、『昭和史』のように、「戦前」＝「昭和」＝悪、として切り捨てるような、切断するような、あるいは、現在とは別の過去として扱うような対象ではなかった。

だから、多分に、柳田國男（一八七五―一九六二）が「世相篇」を担当した『明治大正史』（朝日新聞社刊行）は、「明治」文化研究会と、その目的を共有していた。それらの目的とは、「明治」の資料の発掘を手段として、「明治」以来の日本の歴史や文化を振り返り、見直し、現在を問い直そうとする営みであった。(8)

もちろん、『昭和史』もまた、『明治大正史』や「明治」文化研究会と同様、歴史を通じた現在の問い直しである点に変わりはない。本章で詳しくみるが、ここで、『昭和史』の冒頭に掲げた、同書の目的を見ておこう。

かつて国民の力がやぶれざるをえなかった条件、これが現在とどれだけ異なっているかをあきらかにすることは、平和と民主主義をめざす努力に、ほんとうの方向と自信とをあたえることになるだろう。(9)

これが『昭和史』の基本的なスタンスである。(10)

「かつて」の条件、それが、「現在とどれだけ異なっているかをあきらかにすること」。過去と現在を比べて、そして、そこから読み取れる教訓を、現在に活かす。そのために、歴史の条件を見る。このようなスタンスは、『明治大正史』であっても、「明治文化研究会」であっても同様だ。[11]

しかし、『昭和史』は、過去＝「戦前」＝「昭和」を、あくまでも、「現在とどれだけ異なっているか」という視点に基づいてあきらかにしようと試みる。「かつて」が、「現在」と「異なっている」ことは前提となっている。さらには、「平和と民主主義をめざす努力」＝「現在」であるため、「かつて」は、それとは異なる方向に進んでいた。

「現在」を「かつて」から連続したものと捉えるのではなく、両者は、「どれだけ異なっているかをあきらかにする」関係にあると、『昭和史』は位置づけている。このように「かつて」＝過去＝「戦前」＝「昭和」を振り返る作法は、この『昭和史』に特異なもの＝新規性かつ新奇性だと言わなければならない。『明治大正史』であっても、「明治文化研究会」であっても、「明治」以来の日本の歴史や文化の連続性・同一性については、疑っていなかったからだ。

さらには、「戦前」に交わされた日本資本主義論争における講座派と労農派の時代区分に関する対立とも、『昭和史』は、位相を異にしている。

周知のように、日本資本主義論争とは、「戦前」、とりわけ、昭和初期（一九三〇年代）において、マルクス主義者たちの間で、日本の資本主義の性格、さらには、日本における革命をテーマとして交わされた論争である。講座派とは、岩波書店の発行していた『日本資本主義発達講座』の執筆者を中心としたグループであることから名づけられている。対する労農派とは、雑誌『労農』を活躍の舞台としていたから名づけられている。

この論争において、講座派は、明治維新を、あくまでも封建制度内部の権力の移行に過ぎず、来るべきブルジョワ革命の必要性を唱えた。これに対して労農派は、明治維新は、すでにブルジョワ革命であり、次こそは、社会主義革命が起きなければならない、と主張していた。

ここでは、この日本資本主義論争そのものに立ち入らない。ただ、講座派と労農派は、ともに、「明治維新」という「元号」を基準にした時代区分を用いているだけではなく、性質の差はあれ、「明治維新」を「革命」と捉えている点が、『昭和史』における時代区分を検証する本書にとっては、示唆的である。両者は、「明治維新」という「元号」に基づく時代区分は所与のものである、という視座、さらに、それが「革命」である、という理解に関しても共有している。「明治維新」という「革命」があったことまでは、事実認識として、両派に共有されているがゆえに、両派は、その性質に関する見解をめぐって、論争を展開していた。

確かに、「戦前」のマルクス主義者、という立場上、「明治維新」の存在をまでも打ち捨てる勇気を、両派は持ち合わせていなかっただけなのかもしれない。「明治維新」を「革命」と捉えた、講座派と労農派の論客たちの、「本当の」意図がどこにあったのかについての探求は、本書の域を超える。それよりも、「戦前」のマルクス主義者たちですら、「明治維新」＝「革命」と捉え、その同一線上にある「現在」において求められている「革命」をめぐって論争を展開した点が、「元号」と時代区分、そして、その「科学性」を見極めようと試みる本書にとっては重要だ。

日本資本主義論争の当事者たちであっても、「明治維新」と「現在」との連続性を疑うことはなかった。対して、『昭和史』の著者たちは、「昭和」という「元号」を用いて、それが「戦前」＝過去と同義であり、かつ、「現在とどれだけ異なっているか」という視点から見つめている。彼らは、過去と現在の連続性よりも、異質性を重視している。

このように、『昭和史』の新規性と新奇性は、単純に「昭和」において「昭和」を取り上げた再帰的な態度にだけあるのではない。それだけではなく、「昭和」という「元号」＝「戦前」＝過去、として、現在との連続性よりも、異質性の重視においてこそ、着目すべきなのである。

この点を確かめた上で、次に、内容に入る前に、『昭和史』の書籍としての性格を確かめておきたい。

ベストセラーとしての『昭和史』

『昭和史』とは、どのような本だったのだろうか。

ここで断っておかなければならないのは、同書は、一九五五年に出版され、三年後に大幅な改訂を施した新版として流通している点だ。そして、「昭和史論争」は、主としてこの一九五五年版（旧版）を題材に展開している。このため、ここでは、『昭和史』を指す場合、特にことわりのない場合を除いては、すべてこの一九五五年版（旧版）を指している。

その上で確かめておくべきは、この本が、刊行された一九五五年と翌五六年の二年連続してベストセラーランキングのトップ・テンに入っていることである。[12]

大卒初任給が一万一千円の時代に、『昭和史』は、定価一〇〇円と、決して廉価ではない。にもかかわらず、一一月一六日の発売からわずか四〇日で六刷一一万三〇〇〇部となり、一九五五年には、書店売上げランキングの第八位、翌五六年には第五位に上昇し、一九六六年末までに、同書は［新版］を含めて、一九刷四三万部を売り上げている。[13]

もとより、『昭和史』をはじめとした岩波新書「青版」の売上は、一九四九年の刊行以来、好調を維持していた。この好調の中で、「昭和」という「元号」を掲げた同書が、特筆すべきベストセラーになった背景の検討から始めなければならない。

なぜなら、同書より前の同じ岩波新書二二二冊に「昭和史」を冠した著作はなかったにもかかわらず、累計四三万部も発行されるほどの支持を集めた背景を探るためには、同書の社会的位置を見定めておかなければならないからである。一般論として、ベストセラーの検討を行うにあたって、その社会的位置づけを検討しなければならない。ただ、それだけではなく、『昭和史』という一見すると奇抜な、しかし、現在から見るとノーマルに見えるタイトルが広範に受け入れられ、そして論争の火種となるためには、岩波新書「青版」という媒体もまた、重要な要素になったと考えられるからである。
その岩波新書「青版」は、一九四九年三月付の、その「刊行の辞」（岩波新書の再出発に際して）に次のように掲げている。

岩波新書百冊が刊行されたのは中日事変の始まった直後から太平洋戦争のたけなわ頃におよぶ、かの忘れえない不幸の時期においてであった。日々につのってゆく言論抑圧のもとにあって、偏狭にして神秘的な国粋思想の圧制に抵抗し、偽りなき現実認識、広い世界的観点、冷静なる科学的精神を大衆の間に普及し、その自主的態度の形成に資することこそ、この叢書の使命であった。
われわれは、かの不幸な時期ののちに、いまだかつてない崩潰を経験し、あらゆる面における荒廃のなかから、いまや新しい時代の夜明けを迎えて立ち上がりつつある。しかも、当面する危機はきわめて深く、状況はあくまで困難である。世界は大いなる転換の時期を歩んでおり、歴史の車輪は対立と闘争とを孕みながら地響きをたてて進行しつつある。平和にして自立的な民主主義日本建設の道はまことにけわしい。

ここに引いた二つの段落のうち、先段で述べられているのは、一九三八年一一月二〇日に創刊された岩波新書「赤版」の精神であり、そして、後段、特に最後の一文は、一九四九年当時の講和問題への状況認識を示している。[14]

そして、岩波新書の課題として、次の三点を掲げている。

世界の民主的文化の伝統を継承し、科学的にしてかつ批判的な精神を鍛えあげること。

封建的文化のくびきを投げすてるとともに、日本の進歩的文化遺産を蘇らせて国民的誇りを取りもどすこと。

在来の独善的装飾的教養を洗いおとし、民衆の生活と結びついた新鮮な文化を建設すること。[15]

岩波新書「赤版」の精神を再び掲げ、講和問題への懸念を示しつつ、そして、「文化」を重視した課題を掲げたにもかかわらず、実態がズレている点に、本書の関心はある。

その実態とは、加藤秀俊（一九三〇—）が同時代的に、すなわち、岩波新書「青版」刊行から八年後に喝破していた「常識主義」である。それは、「「常識」としてこのくらいは知っていてもらいたい、といったような調子の内容のもの」の流通にほかならない。加藤が「常識主義」をみてとったのは、「専門書でもなく、また単なる読み物でもない」、「高級文化と大衆文化との中間的形態をとる」「中間文化」の先鞭をつけるものとしての「新書ブーム」であった。[16]

「刊行の辞」もまた、当時の「常識」を提供していたと言えよう。この「常識」という観点から、『昭和史』巻頭に掲げられている「はしがき」もまた理解できる。

昭和の歴史には、私たちのさまざまの思い出がつながっている。しかもその思い出のどのひとこまにも、戦争のかげがおもくるしくおおいかぶさっている。

（中略）

この本は、学界での研究成果の上にたって、私たちの体験した国民生活の歩みを、政治・外交・経済の動きと関連させて、とらえようとしたものである。とりわけ執筆者が関心をそそいだのは、なぜ私たち国民が戦争にまきこまれ、おしながされたのか、なぜ国民の力でこれを防ぐことができなかったのか、という点にあった。[17]

こうした「私たちのさまざまの思い出」や、あるいは、「学界での研究成果」といった要素は、まぎれもなく、『昭和史』刊行時点での「常識」であり、同書の編集者だった中島義勝の次のような回顧も、こうした「常識主義」の流れに棹さしている。

あのころ全体的に逆コース的な時代風潮が強かったので、そういう状況のなかでは、戦時の体験の反省を基礎にした現代史をやる必要があるのではないか、というのが編集部の考えだった。まずは「昭和史」の全体的な展望を歴史学者に書いてもらうということを第一に、それを補完する経済、思想、文学の領域にわたって体験的なものも含めて、まとめたらどうかという案なんです[18]

先に引用した「刊行の辞」にある「平和にして自立的な民主主義日本建設の道はまことにけわしい」という一文にある通り、一九四九年の再刊翌年、一九五〇年に勃発した朝鮮戦争を契機として、「逆コース的な時代風潮」は強まっていた。その中で、「戦時の体験の反省を基礎にした現代史をやる必要がある」との編集部の考えとは、つまり、その「常識」すら失われつつある以上、「このくらいは知っておいてもらいたい」という願いにほかならない。

そして、この「常識主義」は、結果的に耳目を集め、『昭和史』は二年連続してベストセラーとなる。ここで重要な点は、同書が、岩波新書「青版」のベストセラーであった点である。[19]『昭和史』よりも前によく売れた同じレーベルの本は、一九五〇年の桑原武夫『文学入門』と一九五二年の吉川幸次郎・三好達治『新唐詩選』の二冊である。いずれも書名に明らかなように、「さまざまの学門的・専門的分野の中心的な課題を、平易に簡潔に整理した[20]」ものであり、「常識主義」の本流に位置している。

「新書ブーム」と呼ばれつつある時期に、岩波新書「青版」という入門書として出版された『昭和史』は、編集部からも読者からも、「昭和」の歴史を基礎から理解できるようにとの期待を抱かれている。だからこそ、瞬く間にベストセラーへと駆け上がった。そして、後に見るように、文芸評論家・亀井勝一郎からの批判をきっかけとした論争を招く。

亀井の批判を見る前に、まず、『昭和史』の内容を概観しておかなければならない。

『昭和史』における「国民」

『昭和史』の「はしがき」は、加藤秀俊の言う「常識主義」の流れに棹さす「執筆者たちが関心をそそいだ」部分に続いて次のように言う。

> かつて国民の力がやぶれざるをえなかった条件、これが現在とどれだけ異なっているかをあきらかにすることは、平和と民主主義をめざす努力に、ほんとうの方向と自信とをあたえることになるだろう。[21]

ここで『昭和史』の著者たちは、「国民の力」と表現する。その力は、また、現在における「平和と民主主義をめざす努力」を有する「国民の力」である。

『昭和史』においては、この「はしがき」以外にも、「国民」は、たびたび姿を見せる。たとえば、一九二八年六月、「政府は緊急勅令によって治安維持法を改悪し、最高刑一〇年を死刑にまで引きあげ、ついで特高警察網を全国に拡張した[22]」という「革命運動の弾圧[23]」について まとめたのち、田中義一内閣への批判において「国民の力」が登場する。

民心はまったく田中内閣からはなれていた。しかし国民の力で倒閣を実現することができなかった。もしこれができ、国民がみずからの力に自信をもつことができたら、戦争へのコースをくいとめることができたかもしれない。この時はまだ軍国主義者の陣営はかためられていなかったからである[24]。

あるいは、「戦後」におけるアメリカ合衆国の占領政策について次のように書く。

米日の為政者たちが民主と平和の理想を口にしたのは、国民がそれを求めていたからであると同時に、彼らが幻想をふりまくことができる余地を存在せしめた国民の力の幼さがあったからである。国民の力が民主と平和に向かって前進するにつれて、かれら為政者たちは反動的な本質を国民の前にあらわにせざるをえなかった[25]。

『昭和史』では、「国民」の他にも「民心」や「世人」といった主語が、頻出している。「国民の力」は、「戦前」において、「倒閣を実現すること」や「戦争へのコースをくいとめること」はできなかった。けれども、その「国民の力」は、「戦後」においては、「民主と平和に向かって前進する」、あるいは、「平和と民主主義をめざす」ゆえに、為政者たちの反動的な本質を暴露する。

「国民」は、「戦前」には戦争を食い止められなかったにもかかわらず、「戦後」になると為政者の反動性をあらわにすることができ、それを食い止められるのだ、と『昭和史』は説く。「国民の力は、国会が戦前のような翼賛議会となることを許さなかった」[26]点を『昭和史』は強調する。

そして、一九五五年六月の平和を求める日本母親大会における宣言を引用した上で、『昭和史』の末尾は、次のような希望をもって締めくくられる。

> 昭和の歴史が国民のものとなるならば、それは平和を守る民衆の力にたいする確信となり、今日の歴史をみずからの手でつくる決意となることを、この母親大会の宣言は、われわれにさし示してくれるのである。[27]

『昭和史』の末尾が、「昭和の歴史が国民のものとなるならば」との文言から始まる一文で結ばれている点は、本書にとって重要である。なぜなら、『昭和史』は、「昭和」＝「戦前」として単純に打ち捨てているだけではなく、執筆時点の一九五五年時点においても続く「昭和の歴史」を「国民のもの」にしようと呼びかけているからである。

「戦前」においては、「政府」に対してひたすら無力で非力であり、弾圧されていた「国民の力」は、しかし、「戦後」においては、「国会が戦前のような翼賛議会となることを許さな」い。それればかりか、「平和を守る民衆の力」となり、「今日の歴史をみずからの手でつくる決意」となる。その基礎には、「昭和の歴史」を「国民のもの」となることが求められる。

ここで、本書は、『昭和史』における「国民」のフィクション性を暴きたてたいのではなく、『昭和史』における「科学性」の不徹底さに着目したいのである。

本章で後に見るように、『昭和史』は、歴史学の「科学性」を強調している。事実、冒頭の「はしがき」でも、「科学的な現代史の研究も、ここ両三年いちじるしくすすんでいるが、これがひろく一般に伝えられていないうらみがある[28]」と同書は述べている。

にもかかわらず、『昭和史』は、その物語の主役＝国民の叙述について、「戦前」における被害者性＝被虐性の強調においても、また、「戦後」における主体性＝自主性の強調においても、ともに、その「科学性」と、その根拠を示していない。もとより、「戦前」と「戦後」の「国民」のあいだに、いかなる違いがあるのかに関して、同書は「科学的な」見解も注釈も示していない。

こうした「科学性」の不徹底、中途半端さ、こそ、この『昭和史』から受け取ることの出来る示唆にほかならない。そして、この「国民」という主語の非「科学性」こそ、文芸評論家・

亀井勝一郎が、「人間がいない」と批判した、まさにその根拠であり、対象にほかならない。この示唆を確かめた上で、次に、この論争の発端を振り返っておこう。

2、文学論争としての「昭和史論争」

文芸評論家と歴史学者の論争

『昭和史』という岩波新書は、刊行から少しの間をおいて、「昭和史論争」へと発展する。そのきっかけは、雑誌『文藝春秋』一九五六年三月号に掲載された文芸評論家の亀井勝一郎「現代歴史家への疑問　歴史家に「総合的」能力を要求することは果して無理だろうか」という論文だった。

「昭和史論争」を考える上で重要な要素は、この論争が、まずは文芸評論家と歴史学者との間の議論から発展した点にある。

『昭和史』の執筆者は、遠山茂樹（一九一四―二〇一一）、今井清一（一九二四―）、藤原彰（一九二二―二〇〇三）という三人の歴史学者である。執筆時には、遠山は、四一歳で東京大学史料編纂所員、今井は、三一歳で横浜市立大学助教授、藤原は三三歳で東京都立大学と千葉大学の講師を、それぞれ務めていた。遠山が執筆のイニシアティブをとったため、[29]「昭和史論争」において、亀井をはじめとした多くの論者から寄せられる批判に対しても自ら先頭に立って反論し、今井と藤原は、ほとんど参加していない。

また、遠山は、一九三八年に東京帝国大学国史学科を卒業後、文部省維新資料編纂所、一九四二年からは東京帝国大学史料編纂所に勤務していた三〇代の若手研究者であった。これに対して、今井と藤原は、徴兵により軍隊の中で太平洋戦争を終えた時点では二〇代の若者であり、執筆者三人のあいだでは、世代が異なっている。このため、『昭和史』を三人の連名で執筆したとはいえ、「昭和史」という歴史の捉え方における差異があった。

ただし、ここで注視すべきなのは、遠山と他の二人とのそうした年齢差ではないし、また、個人としての遠山茂樹ひとりでもない。それよりも、亀井勝一郎という文芸評論家による岩波新書への批判から、この論争が始まった点である。

亀井勝一郎（一九〇七―一九六六）は、一九〇七年に北海道函館市で、函館銀行支配人の息子として生まれる。その後、旧制山形高校から東京帝国大学美学科へと進み、共産党の新人会活動や労働運動に明け暮れる。一九二八年に共産党員が大量に検挙された三・一五事件において治安維持法違反で逮捕され、二年五か月の獄中生活を経て転向し、一九三五年に保田與重郎らと雑誌「日本浪漫派」を創刊している。[30]

『昭和史』刊行時点で、すでに功成り名を遂げた評論家であり、『文藝春秋』に岩波新書の批判を書いたという表面からは、転向した保守派と想像されるものの、そう単純には割り切れない言論活動を展開していたのである。

「昭和史論争」の三年前には「岩波文庫の功罪」という文章を『文藝春秋』一九五三年六月号に寄稿し、批判しており、それを読めば、亀井が『昭和史』という岩波新書「青版」のベストセラーに噛み付いた理由は明白である。亀井は、自分が「岩波文化」という言葉を使ってきたとした上で、その影響を、次のように抽出している。

> 岩波から著書を出している人々の多くは官学の教授である。秀才である。その仕事の意義はみとめるのだが、半面において一種の事大主義と知的官僚気質を発生せしめたのではあるまいか。気どった教養派と、「教養ある俗物」を発生せしめたと云ってもいい。とくにその影響面において私はこの感を深くする。岩波文化が現代の知識人を形成する上に果した役割は殆んど決定的と云っていいのである。[31]

ここで述べられているように、『昭和史』の著者三人もまたいずれも官学、すなわち国立大学の教官である。そして、その「一種の事大主義と知的官僚気質」を、この文章から三年後、『昭和史』批判の中で、「典型的な官僚文章である」[32]として、亀井は批判するにいたる。

岩波書店から刊行された本、しかも、官学の教官によって書かれた本である『昭和史』には、亀井の指摘は当てはまっている。

しかしながら他方で、亀井は、岩波書店発行の雑誌『世界』にも、「周恩来会見記を読んで」(一九五五年一月号)をはじめ、たびたび登場している上、日本の再軍備にも反対の立場を明確にしている。彼は、決して、単なる保守反動でもなければ、「岩波文化」への嫌悪感に駆られた存在でもない。亀井は、マルクス主義を内在的に理解した存在でありながらも(あるいは、であるがゆえに)、「日本浪漫派」を創刊し、そして、太平洋戦争以後も、保守派か進歩派か、という素朴な二項対立によっては割り切れない存在として活躍していた。

そして、ここでのポイントは、亀井が文芸評論家であった点である。

現在ではもはや、文芸評論家が歴史学者に対して論争を仕掛ける風景は想像しにくいけれども、亀井が論文を執筆した当時、文学者による社会的発言は積極的に行われていた。また、文芸評論家のステータスも、現在とは比べようもないほどに高く、そして、文壇という空間への信憑もまた、現代とはかけ離れていた[33]。

文芸評論家は、文学作品をそれ自体として論じるだけではなく、社会全体を視野に入れた大きなパースペクティブで言論活動を展開し、人々に支持され、社会的な反響を巻き起こしていた。本書において、「戦後」における文芸評論家のポジションそのものについては、詳細に論じる余裕はないし、また、メインの趣旨からも外れるため別論を期さねばならないが、しかし、一九五六年当時、文芸の世界では論争が頻発し、そして、それらが文学作品に閉じることなく、社会への広がりを持っていたありさまは確かめておかなければならない。

実際、昭和三二年版『文芸年鑑』には、石原慎太郎「太陽の季節」をきっかけとした、「快楽と道徳論争」「賭博論争」をはじめとして一〇項目もの文学論争が列挙されている。[34] そして、「昭和史論争」は、この文学論争に含まれている。

こうした文学論争は、同時代的にも「戦後文学論」とくくられ、そして、ある時期までは、論壇や文壇のメインストリームを占めてきた。敗戦を決定的な断絶点に置いた上で、そこから、論述する時点までを振り返り、社会や政治を語る。こうした作法が、戦後社会論のほとんどを占めていたのであり、戦後社会論とは戦後文学論とほぼ同義である時代が長く続いた。

だからこそ、「昭和史論争」を文芸評論家が始めた、という事実をめぐっては、現在でこそ、驚きと違和感を禁じえないかもしれない。けれども、一九五六年の時点では、逆に、自明視されていったと言っても過言ではない。

「昭和」と「戦後」の対比性は、こうした文学的な自意識や感性を大きな支えとしていたのである。

一九五六年の文学論争

そして、なぜ、石原慎太郎の「太陽の季節」をきっかけとした論争をここで例示したかと言えば、その理由は、まさに、この小説が、亀井勝一郎による『昭和史』批判論文と同じ号に掲載されているからである。その『文藝春秋』一九五六年三月号の発売日は二月一〇日であり、亀井は「太陽の季節」を批判する小論を、前日の同年二月九日付「読売新聞」夕刊に寄稿している。

亀井は、文芸評論家としての活動の一貫として、『昭和史』批判を寄稿したのであり、「太陽の季節」の批判と『昭和史』の批判は、地続きであった。あるいは、少なくとも、同じ評論家が、ほぼ同時期に「太陽の季節」と『昭和史』の批判を行っている点は確かであり、それこそが「昭和史論争」を特徴づけている。

その特徴とは、**「昭和史論争」が、歴史学の世界の内側で行われたのではなく、逆に、その外側、すなわち、文学論争から始まり、論じられた点**にある。

また、亀井の『昭和史』批判論文は、同号の巻頭論文として掲げられ、また、嵯峨根遼吉の「原子力と政治の間　みんなで協力して原子力産業を合理的に育成しよう」と、福田恆存「「昔の人は偉かった」か　威厳のなくなった現代人の偶像崇拝」の二本の論文とともに、「私たちが再思三考せねばならぬ問題について、亀井勝一郎、嵯峨根遼吉、福田恆存三氏の時宜を得た論文とともに熟読を乞う」と巻末の「編集だより」に明記されている。

亀井の論文は、この号の目玉論文であり、『昭和史』というベストセラーに難癖をつけたり、揶揄したりするものではない。それどころか、嵯峨根による原子力政策論と、福田による政治指導者論と並ぶばかりか、その筆頭として、「私たちが再思三考せねばならぬ問題」を論じた文章として、世に問われている。

「昭和史論争」は、文芸評論家・亀井勝一郎によって仕掛けられた文学論争であるとともに、**その文学論争が、単なる文学の世界に留まるのではない。反対に、文学者による議論であるがゆえに、より広い範囲に影響を及ぼす社会的な言論として受け取られている点**において特筆されなければならない。

「昭和史」は、「新書ブーム」の先駆けとして、「なぜ私たち国民が戦争にまきこまれ、おしながされたのか、なぜ国民の力でこれを防ぐことができなかったのか」を解明せんとする視点から「昭和の歴史」の「常識」を描いた。それゆえに、「この歴史には人間がいない」[35]と文芸評論家・亀井勝一郎によって批判され、論争へと発展する。その論争の発端で、亀井が『昭和史』の著者たちに求めているのは、「文学的才能」のみではなく、次のような要求を歴史家につきつけている。

もっと実証的になってほしいと言っているのである。歴史家と文学者あるいは詩人は、この点で同居しなければならない。統計的意味での実証力だけが発達して、人間性についての実証力は衰弱している。結果として誰が書いても同じような史書だけが氾濫するようになる。[36]

亀井の論点は、「この歴史には人間がいないということである。「国民」という人間不在の歴史である」[37]という批判に代表される。その眼目は、「昭和の三十年間を通じて、その国民の表情や感情がどんな風に変化したか」[38]を描けていない、「個々の人物の描写力も実に貧しい」、そして、「死者の声が全然ひびいていない」[39]ところにある。だから、『昭和史』は「誰が書いても同じような史書だけが氾濫するようになる」典型だと批判する。

こうした要求から始まっているからこそ、「昭和史論争」は、先に触れた『文芸年鑑』において、中島健蔵によって、同時代的に（一九五七年に）次のように位置づけられている。

これは、歴史観の問題であり、また、歴史の表現の問題でもあった。歴史学的な整理に対して、文学的な肉づけの必要が主張され、遠山茂樹などの「昭和史」を起点として、文学者の方からは、亀井勝一郎の批判がこれに一石を投じている[40]

『昭和史』という岩波新書に描かれた史実やストーリーの解釈をめぐって、というよりも、歴史学者たちの歴史観に対して、文学者が「人間がいない」と論難する。それは、もちろん歴史（学）内部の問題ではなく、より文学的なテーマであり、また、亀井の表現を用いれば、「総合的能力をつねに要求されるような性格の学問」[41]としての歴史学のテーマである。

だから、亀井は、この『昭和史』批判論文を「現代歴史家への疑問　歴史家に「総合的」能力を要求することは果して無理だろうか」と掲げているのである。

「昭和」＝「戦前」

しかしながら、「人間がいない」「「国民」という人間不在の歴史である」と批判された遠山茂樹にとって、それは当たり前と言わざるをえなかった。

なぜなら、「歴史学は、人間の歴史的社会的存在であることを、論理的にあきらかにしようとする」[42]からである。言い換えれば、歴史学は科学だからである。それゆえ、亀井の批判から三か月後に雑誌『中央公論』に掲載された遠山による反論「現代史研究の問題点『昭和史』の批判に関連して」には、「科学」がキーワードとして頻出する。

それは、次のような遠山の現状認識に基づいている。

　今日では、歴史の科学的認識、歴史学の科学性そのものを否定しようとする考え方が、政府の憲法改悪、教育統制とむすびついて、力を加えようとしているのである。[43]

「憲法改悪、教育統制」とは、すなわち、「逆コース」と呼ばれる風潮であり、民主化の流れを逆行し、軍事化にまで行きかねないものとして批判された風潮である。その中で、「科学」であるはずの歴史学を否定しようとする動きがあり、亀井をはじめとした『昭和史』への批判も、その一貫だと、遠山は受け止めている。それほどまでに、彼にとって「歴史学の科学性」とは死守すべきテーゼであり、また、譲れない、揺るがない根本にほかならない。だから、「歴史の真実と国民の感覚との間の、大きなずれは、至急正しい方法でうめられなければならない。それが果されなければ、現代史の科学的認識は、国民の武器となることはできない(44)」。

では、ここで言う「科学」や「科学的認識」とは、いったいどのようなことだろうか。当たり前に思われるだろうが、ここで言われる「科学」は、現在の水準とは異なっている。それらは、遠山によれば、「偶然を貫きながら、必然性が実現されてゆくことをこそ、あきらかにする」「歴史学の中でも、人間をえがけという要求」、すなわち、「寄生地主制とか天皇制・軍閥とかいう概念だけが右往左往しているような歴史叙述であってはならないとの提言(45)」から生まれた、次のような認識だと定義している。

法則をもっと具体的事実に即してつかむこと、歴史の客観的批判的認識とは、歴史を超越的な立場からあれこれと批評し解決してみせることではなく、歴史を創造する立場から、歴史の発展法則を内在的につかむべきだという点(46)

そして、この「歴史の客観的内在的な批判」とは、「被支配者の立場に立つ批判のほかにはない[47]」と定めている。

亀井から示された「もっと実証的になってほしい」、あるいは、「歴史家と文学者あるいは詩人は、この点で同居しなければならない」といった要望には目もくれず、遠山は、「科学」や「歴史の客観的内在的な批判」といった専門的な概念を持ち出している。

亀井の言う「実証力」は、「統計的意味」だけではなく、「人間性についての実証力」を意味している。これに対して、遠山は、「歴史の発展法則を内在的につかむ」「歴史の客観的批判的認識」、すなわち、亀井の表現に照らし合わせれば、「結果として誰が書いても同じような史書」をこそ目指している。

だから、遠山は、一九五六年当時流行していた「戦争秘史と銘うった裏面話の暴露もの」について、次のように厳しく批判する。

裏面話の流行は、国民の現代史に対する科学的認識の要求を弱め、そらす一面をもっている。現代史の本格的研究がはじまってからやっと数年、その成果がまだ充分に国民に説得的でないために、多くの人の関心を依然として裏話的読物につなぎとめる事態を、改めることができないでいる[48]。

その上で、『昭和史』を使って議論をしているサークルが、「各自の体験を出しあい、それにてらしあわせて読むという形をとっている[49]」ことを、「歴史家として冥利につきた」と述べる。「真相はこうだ」式の「裏面話」や「裏話的読物」ではなく、「各自の体験を基礎に私の結論に対する疑問・批判を出し討論している」ことこそ、「歴史学の成果が読者の道具・武器として、ほんとうに役立つのかどうか、それがためされる中で、歴史学の科学性は、きたえられてゆく[50]」からだ。それは、「各人の体験をどう歴史に客観化するのか」という問題だからである。

個々人の戦争体験であっても、否、「各人の体験」、という個人的なものであるがゆえに、そこにとどまるのではなく、「歴史に客観化する」ことへとつなげなければならない。それこそが、「被支配者の立場に立つ批判」としての「歴史の客観的内在的な批判」であり、遠山の言う歴史の「科学性」や「科学的認識」なのである。この「歴史学の科学性そのものを否定しようとする考え方」として亀井の批判を捉えており、その考え方への危機感が、遠山の反論「現代史研究の問題点『昭和史』の批判に関連して」にあらわれている。

「科学」を担保する存在としての国民

「各人の体験をどう歴史に客観化するのか」という視点は、すなわち、「被支配者の立場に立つ批判」としての「歴史の客観的内在的な批判」であり、遠山の言う歴史の「科学性」や「科学的認識」である。

そして、この「科学性」に基づいて叙述された『昭和史』における「国民」の非「科学性」については、前述の（↓一〇二頁以下）通りである。

あらためて確かめておけば、『昭和史』における「国民」をめぐっては、「戦前」と「戦後」における違いに関して、一切の「科学的な」見解も注釈も示されていない。加えて、「戦前」における被害者性＝被虐性の強調においても、また、「戦後」における主体性＝自主性の強調においても、ともに、『昭和史』は、その「科学性」を示していない。

遠山が重視する「各人」とは、すなわち、「国民」であり、「戦前」においては被害者であり、「戦後」においては主体である。この「国民」を錦の御旗に掲げることによって、『昭和史』は、その「科学性」を唱えている。

この「国民」という存在が、「科学性」を担保するベースとして用いられ、「元号」を用いた歴史叙述においても重要な担保としてあつかわれている点が、本章の問い、すなわち、**なぜ、「昭和」vs.「戦後」という対比性が生まれたのか**、という問いを解く上で、重要なキーになる。

「国民」という、「創られた伝統」であるはずのフィクションを、「科学性」を掲げる『昭和史』が信じているために、非「科学的」なわけではない。そうではなく、なぜ、「科学性」を担保するために、非「科学的」な「国民」を持ち出すのか、という問いが浮上するのである。

別の角度から言えば、わざわざ「国民」を持ち出さなくとも、「科学性」や「科学的認識」を主張できたのではないか。

『昭和史』において「国民」が多用される理由には、次の二通りの答え方がありうる。

一つには、「国民」というのは、単なる代名詞であって、素朴に、『昭和史』の著者たちが信じているからにすぎない可能性がある。

二つめとしては、素朴に言えば、「国民」の意味が、現在とは異なる可能性がある。当時の「国民」という呼び方が、現在のようなフィクション性を含んだ概念としてではなく、確固たる実在であった可能性がある。

一つめについて言えば、「国民」という代名詞を隠れ蓑にして、何ら「科学性」を持たない信条告白を『昭和史』としてまとめ、権威づけるためだったという可能性も捨てきれない。ここでの「国民」とは、「昭和史論争」よりも後に、評論家の吉本隆明が唱えた「大衆の原像」のように、希望を託される存在であった可能性が捨てきれない。「大衆」であれ「国民」であれ、それらは、政治家、官僚といった指導者層＝戦争へと導いた層とは異なるため、「被支配者の立場に立つ批判」を支える重要なキーとなる。それゆえに、「国民」を多用した可能性は高い。

また同時に、二つめ、つまり、『昭和史』が書かれた当時の「国民」は、「被支配者の立場」として、支配者たちとは全く違う形で、確かに実在し、そして、読者の側も、その存在に強いリアリティーを持っていた可能性も高い。

すると、『昭和史』が「国民」を多用した理由は、この二つを組み合わせたところにあるのだろう。

なぜ、そのように本書が判断するのか、その理由について詳述する前に、ここであらためて、『昭和史』における「昭和」に「科学性」を託していた姿勢を確かめなければならない。

3、「昭和」と「戦後」の対比性

『昭和史』における「昭和」

素朴に考えれば、「昭和」と元号が改まった地点で歴史を区切る営みは、科学的ではない。実際、「昭和史論争」の渦中で行われた座談会では、文芸評論家の荒正人《あらまさひと》から次のように『昭和史』の記述を面と向かって批判されている。

> 昭和改元から始めるというのは、非学問的ではないかと思う。文学でも「昭和文学史」ということがありますが、その場合も第一次世界大戦後とか、関東震災後のプロレタリア文学、新感覚派の勃興とかから始めるわけで、昭和文学といっても広い範囲に扱われていま

すし、狭くいえば昭和文学は昭和二年夏、芥川が死んだ以後を昭和文学史とするのが定説になりかかっています。とにかく文学史の方でも、あまり学問的ではないが、そのくらいの検討を経ている。にもかかわらず、昭和史という場合、遠山君がここにいらっしゃるから特に言っておきたいのですが、「昭和史」を昭和改元から始めたというのは、なんとなく機械的というか年表的な気がしたのです。そういう点に私は疑問を持っています[52]。

この発言をしている荒正人（一九一三―一九七九）は、雑誌『近代文学』を埴谷雄高らとともに創刊した文学者であり、戦前からマルクス主義者として活動していた。その荒から「非学問的」、「機械的というか年表的」と面罵される。荒は、「文学史の方でも、あまり学問的ではないが」とことわっており、「科学的」というキーワードを用いてはいないものの、『昭和史』というタイトル、さらには、昭和改元を起点とした歴史記述について疑問を呈している。

これに対して、遠山茂樹は、執筆者の間では、一九二七年（昭和二年）あるいは、一九二九年（昭和四年）をファシズムと戦争の歴史としての日本現代史の画期としたかったと述べた上で、さらには、「昭和史」というタイトルを付けるべきか否か、という問題も認めた上で、次のように反論する。

この本は一般読者を対象に書いたものですから――それがよかったかどうか批判されるべ

きだと思います——一般読者の方にとっては、明治時代というのは非科学的な時代画期であっても、明治の代というのは、国民にとって一つのイメージが存在する。それは単に幻想ともいえないで、やはり日本の歴史の特殊な構造からきているのじゃないか。それと同じように昭和というものについても、一つの国民的イメージができあがっているのじゃないか。そこで、むしろ、そこからはいっていく方法をとったのである。天皇の交替、昭和の改元について、当時の国民が新しい時代が来るというイメージをもったが、それは歴史学的にはどんな意味かを明らかにしようとしたわけです。非常に弁解じみますが、どうでもいいのですが……(53)

「昭和」という「一つの国民的イメージ」が「歴史学的にはどんな意味かを明らかにしようとした」と述べる。が、しかし、遠山自身が、「非常に弁解じみますが」とことわっているように、この反論は、『昭和史』という本には、ひとことも書かれていない。それどころか、昭和改元について、次のように書かれている。

天皇個人の死は、近代国家にあっては、歴史の動きに本質的なかかわりをもたない偶然の事件にすぎず、時代を画する意味をもつものではない。まして大正天皇は「御脳力漸次お衰え」(一九二一年の宮内省発表)のため、廃人同様であって、すでに一九二一年(大正一〇年)

以来、皇太子が摂政の地位にあったのである。しかしながら大正から昭和への改元の背後には、第一次大戦と米騒動（一九一八年）以来の日本資本主義のゆきづまりとそれにもとづく社会混乱とがあって、偶然の一致ながらこの時期にはやはり一つの歴史的意味づけをあたえていた。(54)

社会的に大きな変動があったからこそ、単なる天皇個人の死ではなく、「偶然の一致ながらこの時期にはやはり一つの歴史的意味づけをあたえていた」と位置づける。そこには、荒正人への反論として掲げた「一つの国民的イメージ」というタームではなく、それよりも、「偶然の一致」でありながらも、事実として「歴史的意味づけ」があるのだと述べている。

この「偶然の一致」への着目は、先に参照した、遠山による亀井勝一郎への反論において、歴史学を、「偶然を貫きながら、必然性が実現されてゆくことをこそ、あきらかにする」ことと定義していた点と重なる。

しかしながら、仮に「昭和」への改元が、「偶然の一致ながら」の「歴史的意味づけ」が与えられるとしても、読者は、そこに、いかなる「科学性」を読み取れるのだろうか。あるいは、荒正人による「非学問的」との論難に対する反論は、どの点で「科学的」なのだろうか。「明治時代というのは非科学的な時代画期であっても、明治の代というのは、国民にとって一つのイメージが存在する」のと同じように、「昭和」もまた「一つの国民的イメージがある」という、その根拠は、どこにあるのだろうか。少なくとも、「昭和改元から始めるというのは、非学問的」と批判する荒正人の方が、「一般読者を対象に書いた」から、彼らの「一つの国民的イメージがある」とする遠山よりも、「科学的」ではないだろうか。

事実、「昭和への改元」についての『昭和史』の記述は、四年後に出版された［新版］では、まるごと削除される。しかも、昭和改元から始めるのではなく、第一章は「第一次大戦後の日本」が挿入されており、「偶然の一致ながらこの時期にはやはり一つの歴史的意味づけをあたえていた」という認識は、全面的に撤回されている。

もとより、荒正人への反論で遠山が掲げた、「昭和」という「元号」に「一つの国民的イメージがある」との見解は、まったく示されていない。

「昭和」を掲げ、昭和改元から記述を始める『昭和史』には、「一般読者を対象に書いた」ことを言い訳として、その「国民的イメージ」によりかかり、さらには、四年後にあっさりと撤回してしまう程度の論拠しかなかった。遠山が信奉していた「科学性」とは、「偶然を貫きながら、必然性が実現されてゆくことをこそ、あきらかにする」ことを目指しながらも、その実態は、文芸評論家の荒正人による「非学問的」との批判に反論できないレベルに留まっていた。

『昭和史』における「昭和」という「元号」の居場所は、決して確固としたものでもなければ、屹立したものでもない。四年後の［新版］で全て葬り去られる存在でしかなかったのである。

「昭和」という「元号」

もちろん、『昭和史』における「昭和」の扱い方だけをもって、歴史学全般における「元号」の位置づけを論じるわけにはいかない。

しかしながら、あれほどまでに「科学性」を標榜する遠山茂樹でさえ、その「昭和」という「元号」について、「一つの国民的イメージ」に寄り掛かるほど、「非学問的」であった。

しかも、『昭和史』は、わざわざ、「天皇個人の死は、近代国家にあっては、歴史の動きに本質的なかかわりをもたない偶然の事件にすぎず、時代を画する意味をもつものではない」とことわった上で、しかし、そこに「偶然の一致ながらこの時期にはやはり一つの歴史的意味づけをあたえていた」と述べていた。

「科学性」を旨とし、「被支配者の立場に立つ批判にほかならない」「歴史の客観的内在的な批判」であるならば、天皇という支配者の立場を元にした「元号」による時代区分は、まっさきに打ち捨てられなければならないのではないか。

にもかかわらず、歴史学者たる遠山茂樹自らが「明治時代というのは非科学的な時代画期」だと認めている。さらには、「被支配者」たる「一般読者」、つまり、「国民にとって一つのイメージが存在する」のだと、遠山は述べる。

ここに、「科学性」を掲げる『昭和史』における「元号」の位置づけがあらわれている。それは、中途半端な「科学性」であり、「歴史の客観的内在的な批判」に踏みとどまることができないありさまである。言い換えれば、あくまでも支配者たる天皇の代替わりによる歴史記述を否定しながらも、しかし、「被支配者」たる「国民」がイメージを持っているから、という弁解をせざるをえない、そんな「科学性」である。

『昭和史』は、「国民」を主人公にしているにもかかわらず、その「国民」には、積極的な定義を与えない。しかも、「戦前」と「戦後」における「国民」の異同を示さない。その曖昧模糊とした「国民」が持っているイメージに頼って、「昭和」という「元号」を位置づける。なぜなら、『昭和史』の目的は、「昭和の歴史が国民のものとなる」点にあるからだ。

「明治」や「昭和」という箱や、かたまり・まとまりがあるのだと想定し、その時代区分が「歴史学的にはどんな意味か」あるいは、「歴史的意味づけ」を探ろうとする。この営みは、文学者たる荒正人からも「非学問的」であり、「機械的というか年表的」と指摘される。「この歴史には人間がいない」という亀井勝一郎からの批判に対しては、「歴史学の科学性そのものを否定しようとする考え方」だと猛然と反論した遠山茂樹が、荒正人には反論できず、「非常に弁解じみますが、どうでもいいのですが……」と言いよどんでしまう。

もちろん、「被支配者の立場に立つ批判」を信条とする遠山は、決して、天皇による時間支配のインデックスであるところの「元号」による歴史記述を無批判に肯定するわけではない。が、かといって、「歴史の客観的内在的な批判」に基づいて、「元号」とは別の時代区分のものさしを持って来るわけではない。それどころか、「天皇個人の死は、近代国家にあっては、歴史の動きに本質的なかかわりをもたない偶然の事件にすぎず、時代を画する意味をもつものではない」としながらも、そこに時代区分の論拠を丸投げし、昭和改元に始まる『昭和史』を書くにいたる。

「近代国家にあっては、歴史の動きに本質的なかかわりをもたない偶然の事件にすぎず」と、『昭和史』は、留保している。それゆえに、二〇一七年現在の視角をもって、『昭和史』の歴史意識が、実は近代的な見方に拘束されているのだ、と指弾するのは酷と言えよう。

換言すれば、「近代国家にあっては（中略）偶然の事件にすぎず」という構築主義的な視点それ自体が、それ以前の時代と近代とをはっきりと弁別するという近代についての近代的視点であるにもかかわらず、『昭和史』は、その点を自覚していないし、自覚に至るには難しい状況に置かれていた。

「元号」による時代区分の形式、さらには、天皇個人の死を「偶然の事件にすぎず」と捉えられる視点そのものもまた、近代的なものにほかならない。けれども、こうした近代的な視座がはらむ入れ子構造をめぐる認識を、遠山茂樹は持ちにくい状況に置かれていた。

なぜなら、彼（ら）にとって主眼となっているのは、「昭和」＝「戦前」という時代区分、つまり、そういったひとつのまとまりを、切り出して、そして、「戦後」というこれからの時代区分への希望をつなごうとするところにあったからである。「昭和」＝「戦前」を切り捨てる視点を打ち出していたからである。

「戦前」と「戦後」を大きく二つに分けて、そして前者を切り捨てる議論においては、自らの議論が入れ子構造にまきこまれている事態への自覚は生まれにくいし、生まれていては、『昭和史』という本のパースペクティブはわかりにくくなり、そして、「国民」からの支持を得られなかったからである。

これに対して、『昭和史』における歴史意識とは、こうした区別そのものへの自覚を持たない、あるいは、持つことが難しい。なぜなら、遠山が述べているように、「明治」と「昭和」にそれぞれ、「一つの国民的イメージ」があるという前提で語っているからであり、その「国民」もまた、ある種のイメージに基づいた存在であり、明確に定義されていないからである。

そうした漠然としたイメージに基づいているために、「天皇個人の死」を「偶然」だと切り捨てながら、語ることができる。

この点で、近代日本における「元号」は、天皇個人の生死から出発する時代区分でありながらも、しかし同時に、そこに留まらずに、あたかも「科学性」をもっているかのような擬似科学的な装飾を施せる点でも、『昭和史』にとっては、都合のいい、使い勝手のいいインデックスになったのである。

では、なぜ、「科学性」を持ち出したのか。

その理由は、「科学性」を持ち出さない限り、「昭和」という「元号」を「戦前」と同一視した上で斬って捨てる、という作業ができなかったからである。「偶然」であるところの「天皇個人の死」を迎えていないにもかかわらず、「昭和」があくまでも終わったものであるかのように扱い『昭和史』を書き、そしてさらに、「戦前」と一緒くたにするためには、自分たちの叙述に「科学的」な側面があることを強弁しなければならなかったからである。

「もはや「戦後」ではない」一九五六年における「昭和史論争」

そして、本書にとって最も重要な論点は、この「昭和史論争」が、一九五六年に行なわれているところにある。しかも、亀井勝一郎による『昭和史』批判論文が掲載された雑誌『文藝春秋』において、亀井よりも一ヶ月前の二月号に「もはや「戦後」ではない」という論文が掲載されている、その同時代性にこそある。

その論文の著者は、評論家の中野好夫（一九〇三―一九八五）である。しかし、この「もはや「戦後」ではない」という標語は、中野のことばとしてよりも、同年の『経済白書』におけるものとして流行する。同年七月一六日に発表された「年次経済報告」（経済白書）の「第一部総説」の「結語」における、次のような文言を、翌朝の新聞各紙が一斉に報じたところから流行が始まる。

> いまや経済の回復による浮揚力はほぼ使い尽くされた。なるほど、貧乏な日本のこと故、世界の他の国々に比べれば、消費や投資の潜在需要はまだ高いかもしれないが、戦後の一時期に比べれば、その欲望の熾烈さは明らかに減少した。もはや「戦後」ではない。我々はいまや異なった事態に当面しようとしている。回復を通じての成長は終わった。今後の成長は近代化によって支えられる。そして近代化の進歩も速やかにしてかつ安定的な経済の成長によって初めて可能となるのである。(55)

一九五六年は、一〇月一九日に日ソ共同宣言が発表され、そして、一二月一八日には日本が国際連合に加盟し、その八日後の同月二六日にはソ連抑留日本人の日本への引き上げが終結する、そういう年である。日本という国家にとって、この年は、「戦後」との区切りを付けるタイミングであった。中野好夫のフレーズを意図的に流用して、「戦後」への区切りをつけようとした政府＝経済白書の方針は、明確だ。

そして、この「もはや「戦後」ではない」というフレーズが流行語となった理由も、シンプルだ。

このフレーズが衝撃をもって迎えられ、大流行するほどに、「戦後」にとらわれていたからだ。戦争の影を引きずり、生々しい傷跡の残る日々に、終止符を打ちたい、と薄々願ってはいたものの、しかし、公に口には出せない。そんなもどかしさを打ち破るフレーズとして、「もはや「戦後」ではない」は、大々的に流行する。

そして、このシンプルなメカニズムは、『昭和史』をベストセラーに押し上げた背景でもある。本章で分析したように、岩波新書「青版」という入門書として出版された『昭和史』は、「常識主義」に根ざす「新書ブーム」の波に乗り、「昭和」の歴史を基礎から理解できるようにとの期待を託されたゆえに、瞬く間にベストセラーになる。『昭和史』という形で、「昭和」の歴史をおさらいし、「もはや「戦後」ではない」との決まり文句とともに、戦争の傷を洗い流そうとする。この期待の下に、『昭和史』はベストセラーになる。

そして、その整理の仕方、区切りのつけ方は、もちろん、『昭和史』の著者たちが、「国民」というマジックワードを主役に据えた作法とも共通している。

「戦前」においては非力・無力な被害者であった「国民」は、「戦後」になると一転して、為政者の反動性をあらわにし、食い止める力強い存在に生まれ変わる。しかし、その生まれ変わりには、いささかの根拠も示されない。『昭和史』の描いた「昭和」の歴史は、「国民」が被害者から主人公へと生まれ変わりを遂げる単純明快なストーリーを描く。それゆえに、「国民」は支持し、ベストセラーの階段を駆け上がる。

しかしながら、「もはや「戦後」ではない」と最初に述べた中野好夫の決意は、そのような勧善懲悪のわかりやすさとは正反対にある。

中野は、次のように振り返っている。

考えてみると、ある意味で「戦後」という言葉は、便利重宝なものであった。敗戦という衝撃によって急激な混乱現象も、たいてい「戦後」という万能鍵をもってさえいけば、責任を免れるとまではいかないにしても、とにかくすべて一応便利な説明にはなった。たとえば戦後起こったいろいろの犯罪現象、頽廃現象なども、新聞雑誌を見ていた人なら先刻承知と思うが、すべて二言目にはアプレ、アプレであった。厳密に分析すれば、果して戦後混乱の生んだ特殊現象であるかどうか疑しいようなものまで、ひどく簡単にアプレの一言で片づけられた。[56]

中野は、「戦後」＝アプレを、万能鍵だと振り返る。この、マジックワードとしての「戦後」の機能は、次章（↓第四章）で検証する「大正デモクラシー」とも、結論ありきのキャッチフレーズとしての性質において通底している。

それゆえに、中野が「もはや「戦後」ではない」との文句に込めた意味は別のところにある。

戦後よく三等国、四等国という言葉が口に上った。あれは多分に自棄的な、またことさらにする自己卑下の響きがあったが、今度はそうでなく、もっと冷静な客観的な意味で小国の現実を有意義に生かすべきであろう。[57]

そもそも小国といい、三等国とはなにか。考えてみるとよくわからない。少くとも過去の日本で言った一等国、大国とは、侵略的軍事力を背景とした基準以外の何物でもなかった。大砲と軍艦とプロペラ推進の航空機時代ならしらず（それでも腹をふくらませすぎて破れた童話の蛙の趣きがあった。）すでに実現の段階に入っている第二の産業革命の時代にあって、昔の夢をくりかえす果して可能性があるとでもいうのであろうか。(58)

中野の意図は、「戦後」における「小国」や「三等国、四等国」といった自己卑下の響きのある、しかし、それゆえに夜郎自大な不遜さに満ちた標語への警戒にある。そうした自棄的な標語は、「侵略的軍事力を背景にした」一等国や大国といった目的を掲げている証左にほかならないとする中野には、「戦後」においてもまた「戦前」を繰り返しかねない傾向への危機感がある。

だから中野は、この論文を次のように締めくくる。

小国そのものの意味が変わったのである。その意味で「戦後」を卒業する私たちは、本当に小国の新しい意味を認め、それを人間の幸福の方向に向かって生かす新しい理想をつかむべきであろう。旧い夢よ、さらばである。(59)

中野がここで言う「小国の新しい意味」とは、北欧三国のように、軍事的には一等国ではない＝小国であるものの、「日本人など考えも及ばぬ平和で高い生活が築き上げられている」国や、アジアやアフリカ、中南米の政治的な意志を持つ国々を指している。日本は、「戦後」の一〇年間のように、重厚長大の産業国家に向けて邁進するのではなく、小さくても豊かで意志のある国を目指そうではないか。その意味で、もはや「戦後」ではない。

これが、中野の論旨である。

しかしながら、すでに見たように、『経済白書』は、意図的に、この中野の意図を、おそらくは多分に意図的に曲解、ないし、無視している。『経済白書』は、「回復を通じての成長」の終わりという意味で、もはや「戦後」ではない、と述べ、これからは「近代化」によって成長が支えられ、さらに安定した経済成長が近代化を進める、という理想的な循環を描くにちがいない、と展望している。

中野は、もう「大国」や「一等国」を目指すのはやめ、「小国の新しい意味」を認めようと訴えている。同じフレーズを用いる『経済白書』は、これからが成長の本番だと息巻いている。そのどちらの道を日本が進んだのかについては、わざわざ述べるまでもない。

ただし、『昭和史』がベストセラーになり、「もはや「戦後」ではない」が流行語になる一九五六年の時空間とは、まさしく、「昭和」と「戦後」の関係性を体現している。

なぜなら、「昭和」＝「戦前」と切り捨てている根拠として、その科学性を強弁する『昭和史』がベストセラーとなり、多くの「国民」の支持と注目を集めたからである。そして、「もはや「戦後」ではない」の提唱者・中野好夫の意図を曲解し、無視した『経済白書』の示した「戦後」を、すなわち、「回復を通じての成長」ではなく「近代化によってささえられる」成長の道＝高度経済成長を、「国民」は進んだからである。

言い換えれば、「昭和史論争」において、「もっと実証的になってほしい」と批判し、融通無下な「国民」を主役とする記述を批判した亀井勝一郎よりも、『昭和史』は長く生き延びた。そして、「もはや「戦後」ではない」というフレーズから思い出すのは、中野好夫ではなく、『経済白書』である場合がほとんどなのである。

「昭和」＝「戦前」として切り捨てる態度と同時に、「もはや「戦後」ではない」として、「戦後」も同時に捨て去る態度が成立したのが、この一九五六年という時空間であった。

このことを確かめた上であらためて、本章冒頭に掲げた問いに戻ることができる。

本章の問いは、「昭和」と「戦後」の対比性が、なぜ、いかにして生じたのか、という点であった。そして、本章で取り上げる「昭和史論争」においては、「昭和」という「元号」を積極的に用いた学者たちが、自らの姿勢を「科学的」であると主張していた。その点に着目した。

まずもって、「昭和」と「戦後」の対比性は、「昭和」を「戦前」と同一視する視線によって生じたのである。そして、その同一視を正当化するために、『昭和史』の著者たちは、自分たちの立論が、あくまでも「科学的」なものなのだ、と強弁した。

なぜ、こうした姿勢を貫けたのかと言えば、すでに参照した時代区分論に関する議論にあきらかなように、時代を区分する、という営みは、それを唱える論者の持つ歴史意識を反映しているからだ。時代区分論とは、論者の恣意性をあらわす記号にほかならないからだ。

『昭和史』における「昭和」＝「戦前」という時代区分は、著者たちの歴史意識の反映であり、その過去を切り捨てる姿勢は、ベストセラーとして「国民」の大きな支持を集めた。彼らによる「昭和」＝「戦前」の切り捨て方は、同時代的な標語＝「もはや「戦後」ではない」が圧倒的な支持を集めた姿勢と同じである。「もはや「戦後」ではない」とするキャッチフレーズの流行は、これまでの「戦後」を切り捨てて、これからは新しい「昭和」＝高度経済成長へと突き進むのだ、とする姿勢を「国民」が選択した何よりの証拠にほかならない。

「昭和」vs.「戦後」という類型は、だから、安定した対立関係ではない。それどころか、これまでの「戦後」を切り捨てて、これからは「第二の「戦後」」[60]＝高度経済成長へと突き進む宣言として、一九五六年の時空間を漂っていたのである。そして、本書の冒頭で確認したように、この「戦後」は、「戦後七〇年」を過ぎてもなお、終わりと際限のない直線として、現在もまだ延伸を続けている。

そこで、次章では、この「戦後」という枠組み・かたまりのプロトタイプを、「大正」に見る大きなモーメントにとった「大正デモクラシー」をめぐる議論について検証することによって、あらためて、この「戦後」という時代区分による拘束性の強さを確かめておきたい。

第四章

「大正」

——「大正デモクラシー」と「戦後民主主義」の相似性

現在から「大正」を振り返る際、その態度は、大きく二つに分けられる。ひとつは、「大正」という時代の短さ、そして、天皇の弱々しさ、といった通俗的なイメージに乗る態度であり、もうひとつは、逆に、「大正」にこそ、民主主義の希望の萌芽が見られる、とする態度である。

近年、後者に注目が集まっている。たとえば、二〇〇〇年に初版が出された原武史『大正天皇』をきっかけに、たとえば、尾原宏之『大正大震災』（二〇一二年）や、子安宣邦『「大正」を読み直す』（二〇一六年）といった形で、「大正」の見直しが進んでいる。

しかしながら、こうした「大正」への態度は、とりたてて近年に目新しいものではない。その最も顕著な記号こそ、本章で検討する「大正デモクラシー」にほかならない。そして、この「大正デモクラシー」という記号が、同時代的なものではなく、まさしく「戦後」において生み出された点にこそ、「大正」と「戦後」の関係性があらわれている。

「大正」時代に、リアルタイムで、「大正デモクラシー」というスローガンが流行していたわけでは、決してない。そうではなく、「戦後民主主義」が持ち上げられ、そして、危機に瀕した際に、その源泉として、「大正デモクラシー」が歴史をさかのぼる形で、見出されたのである。

では、なぜ、「大正デモクラシー」は、そのように見出されたのだろうか。

そこで、本章は、**なぜ、「大正」に「戦後」の相似性を見出してしまうのか**、という問いを掲げる。具体的には、本章では、「大正デモクラシー」に「戦後民主主義」の相似型を見るのは、なぜなのか、その形成過程を分析する。

抽象的に言えば、「戦後」という時代区分による拘束性の強さは、前章で見たように、「昭和」＝「戦前」として切り捨てる姿勢の根拠となり、そして、相互依存的に同時に立ち上がってくる。その形成過程の一端として、「大正」に「戦後」の相似性を見出す視線がある。

より具体的に言えば、「大正デモクラシー」という術語を広めた信夫清三郎《しのぶせいざぶろう》は、そこにネガティブな意味を込めている。にもかかわらず、「大正」∽「戦後」と捉えられる理由は、なぜなのか。これを論じる。

この問いへの答えを先取りしておくと、それは、「大正デモクラシー」も「戦後民主主義」も、いずれも、具体的な内実を欠いた、結論ありきのインデックスという点で共通しているからである。そして、受け取る側の人々が、その記号に、思い思いの希望や反省や悔悟や展望を、ヤミ鍋のように投げ入れられる器だからなのである。スローガンありき、キャッチコピーありきの議論であるからこそ、政治体制を最も端的に表す用語として流通するのである。

第一章で述べたように、「大正」は「戦後」の相似形として扱われる。「戦後」民主主義の類似品として「大正デモクラシー」を参照するケースは多い。後述するように、とりわけ、一九六〇年代後半から一九七〇年代前半にかけて、そのような形で参照されている。いわば、「大正」∽「戦後」と示され、ポジティブに位置づけられ、その研究は隆盛を迎える。

しかしながら、その象徴的なキーワード「大正デモクラシー」を広めた政治学者の信夫清三郎（一九〇九―一九九二）の意図は、まったく異なっている。信夫は、「大正デモクラシー」を、旧体制による民衆の簒奪としてきわめてネガティブに意味づけている。

「明治」時代のひとつ前を、「江戸時代」あるいは「江戸期」と指し示す。これには、何の疑いもない。江戸時代と「明治」時代は連続している、と捉えるのが常識だ。にもかかわらず、「江戸」と「明治」、それぞれの時代区分の概念は、まったく異なっている。

江戸時代までの時代区分は、主として政治体制の違いに基づいている。江戸時代とは、徳川将軍家による支配が続いていた期間を指している。江戸より前の時代を、どのように区分するのかについては諸説ある。ただ、戦国時代、あるいは、安土桃山時代、のように、織田信長や豊臣秀吉といった各時代の政治的な支配者に由来する時代区分を用いる場合が多い。

これに対して、「明治」時代以降は、改元から天皇が亡くなるまでの期間を指す。この時代区分は、本書で何度も触れているように、「一世一元」を制度化した一八六八年以後、「大正」「昭和」と経過するにつれて、徐々に定着してきた。

「大正」は「一世一元」でありながらも、江戸時代と同様に、あたかも政治体制に基づく時代区分のような意味を持たされている。その上、もともとはネガティブな意味を込められていたにもかかわらず、きわめてポジティブな記号として流通している。本章は、この理由について解き明かす。

さらに注目すべき点は、この「大正デモクラシー」という用語に関して、政治学や歴史学においては疑義が示され、使われる機会が減っている点だ。「大正デモクラシー」とは、政治学において一時期示された理念型に過ぎず、実態はない、という議論が大勢を占めている。

本章での議論を、この点からはじめていこう。

1、「大正デモクラシー」とは何か

「大正デモクラシー」の意味

まず、この「大正デモクラシー」[1]という用語の意味を確かめておきたい。

もとより、この用語は、「戦後」それも、一九五一年になってから提唱されたものであり、同時代的に使われていない。「戦後」における遡及的な事後評価として打ち出されており、また同時に、一般的なイメージとしては、ポジティブに使われる場合が多い。

代表的な事例として、伊藤隆（一九三二―）と有馬学（一九四五―）の述べる、次のようなイメージが挙げられる。

戦後占領体制下に「デモクラシー」がもたらされたときに、昭和期が「ファシズム」＝悪として切り捨てられ、それに対応して大正期が「デモクラシー」＝善として思い起こされたのではなかったろうか。そして、それに「大正デモクラシー」の名が与えられたのであった。(2)

「昭和」の「戦前」や「戦中」を、「ファシズム」＝悪として断罪し、そして、「大正」＝「デモクラシー」＝善と持ち上げる。こうしたメカニズムを、とりわけマルクス主義的な歴史学者が持っていたのではないか。それが、伊藤や有馬の分析である。

実際、『国史大辞典』（吉川弘文館）の「大正デモクラシー」という項目には、「日露戦争後から大正末年にかけ、政治の世界を中心に、社会・文化の分野にまで顕著に現れた民主主義的、自由主義的傾向(3)」と書かれている。

この項目を執筆した松尾尊兊《たかよし》（一九二九―二〇一四）、京都大学人文科学研究所教授を務めた歴史学者で、「大正デモクラシーの可能性を最大限評価する研究を行い、研究を一気に進展させた(4)」人物だ。こうした紹介に明らかなように、松尾は、『国史大辞典』において、「大正デモクラシー」を「顕著に現れた民主主義的、自由主義的傾向」と呼んでいる。松尾が強調する「顕著に現れた」ほどのポジティブなイメージは、確かに、伊藤・有馬の分析するように、「昭和」＝「ファシズム」＝悪、とのコントラストを描いている。

実際、一般的にイメージされる「大正デモクラシー」とは、このようにポジティブかつ「善」ととらえられる傾向を持っている。普通選挙の実現を柱として「民本主義」を唱えた吉野作造に代表される、「ポジティブな可能性としての民主主義」が喧伝されるケースが多い。

しばしば、政党内閣の樹立や、普通選挙制度の実現といった形での成果を見せながらも、あくまでも、天皇制を否定しない限りでの「民本主義」にとどまったため、中途半端に終わってしまった。

あるいは、逆に、だからこそ、「戦後」の「民主主義」につながる可能性の萌芽があったのだ、とも言われる。「戦後」の相似形としての「大正」、すなわち、図式で示せば、「大正」≒「戦後」であると捉えられている。

「大正デモクラシー」の現在

しかし、この「大正デモクラシー」という用語は、史学史の観点から成田龍一（一九五一―）が指摘するように、高校で使われる「教科書では必ずしも確定していません」[5]。おそらくは、「大正」と聞いて、誰もが思い浮かべる用語であるにもかかわらず、「確定していない」ほどに、この用語は不安定な位置にある。

成田は、「大正デモクラシー」を扱った最も新しい概説書『大正デモクラシー』（岩波新書）

の冒頭でも、次のように述べている。

大正デモクラシーの語は、時期や内容、指し示す対象、あるいは歴史的な評価に至るまで、論者によってさまざまに用いられている。「大正デモクラシー」は、歴史用語としても歴史概念としても、きちんと定義されているとは言い難い状況にある。(6)

教科書での定義も固まっておらず、また、きちんとした定義もない、と成田は言う。また、近代史家の有馬学にいたっては、次のように切り捨てる。

こんにち「大正デモクラシー」という概念もしくは枠組みそのものを、日本近代史の論点・争点として検討する意味はほとんどないと思われる。(7)

有馬は、定義が固まっていないから議論をする、という姿勢ではない。検討そのものを、ほとんど無意味だ、と言い捨てる。なぜなら、「大正デモクラシーという言葉に、時代を画するような求心的な概念としての役割を見ることはできないし、求められてもいないように思われる」(8)からだという。

では、なぜ、そのように断言できるのか。有馬は、次のようにまとめている。

こんにち大正デモクラシーを語る研究が示しているのは、収斂よりは拡散、拡散が悪ければ視点の多様化であり、相対化である。多様化、相対化が進めば、それらを大正デモクラシー研究として特徴付ける意味は希薄になる。(9)

こうした立場をとる有馬は、「大正デモクラシー」という枠組みではなく、ほぼ同時代的な、たとえば、「一九二〇年代日本の政治・社会・文化(10)」という括りであれば、議論は生産的であり、有効なのだと述べる。

他方で、「便宜的なものも含めて、「大正デモクラシー」という用語は命脈を保っており(11)」と、その有用性を認めてもいる。

有馬の立場をパラフレーズすると、日本近代史という学問の一分野に内在した視点では、「大正デモクラシー」は、もはや概念としても枠組みとしても無意味であるが、同時に、その用語自体は、一般的には、まだ寿命は尽きていない、ということになろう。

ただし、本書は、なぜ「元号」が政治体制を語る枠組みとして有効なのかを問いに掲げている。すると、ここでの重要な要素は、近代史の大家である有馬学においてもまた、「大正デモクラシー」という概念や枠組みについての評価が固まっていない点である。

成田龍一が「きちんと定義されているとは言い難い状況」と述べ、そして、有馬学が「日本近代史の論点・争点として検討する意味はほとんどない」と切り捨てる。にもかかわらず、成田は、『大正デモクラシー』と題した岩波新書の概説書を執筆し、有馬は「「大正デモクラシー」という用語は命脈を保っており」と有用性を認めている。

日本史の大家二人においてもなお、「大正デモクラシー」という概念・枠組みは、ゆらいでおり、そして、固まっていない。この点が、本章にとっては、きわめて示唆的なのである。

なぜなら、先述のように、「大正デモクラシー」が、教科書に掲載されたり、あるいは、一般書のタイトルとして現在も流通したりする、それほどの広範囲な支持を得ている理由は、結論ありきのキャッチフレーズだからにほかならない。

成田や有馬といった、「大正デモクラシー」と同時期を専門とする日本史研究の大御所をして、定義づけに苦心する。それほどまでの難物である。にもかかわらず、「大正デモクラシー」と言えば、松尾尊兊が「顕著に現れた民主主義的、自由主義的傾向」と述べたイメージを共有できるかのように思えてしまう。

そのような、いわば空集合としての、結論ありきのスローガンとしての性質を、成田と有馬の議論は、浮き彫りにしている。

そして、このキャッチコピーありきという「大正デモクラシー」の性質は、この用語の生みの親が不在である、という事情にも大いに関係してくる。

実際、成田龍一と有馬学の議論を総括する形で、「大正デモクラシー」に関する最も新しい概論を記した歴史学者の千葉功《いさお》（一九六九―）は、この用語について、「誰が言い出したかは不明である」と述べている。

そして、「「大正デモクラシー」研究は一九六〇年代後半から一九七〇年代前半にかけて隆盛を迎える」ものの、「近年では「大正デモクラシー」概念そのものがほとんど用いられなくなっている」とまとめる。その上で、「大正デモクラシー」概念の新たな構築に向けて、次のように展望する。

一九六〇年代後半から一九七〇年代前半にかけて「大正デモクラシー」研究を隆盛に導いたものが、同時代における戦後民主主義の形骸化ないし解体への危機意識にあるとしたら、その危機は二一世紀に入ってますます昂進しているものと思われる。実際、近年において、政治学や社会学の分野では様々なデモクラシー論が提示されている。このような状況下で、歴史学の分野においてあらためて「大正デモクラシー」を再考してみたら、どのような結論が得られるのか。[12]

「戦後」における「民主主義」への危機感が、「大正」における「デモクラシー」を、その祖先として思い起こさせたのだ、と千葉は整理する。この見解は、先に引用したように、一九七五年の時点での、伊藤隆と有馬学による分析と一致している。伊藤・有馬は、「昭和」

＝「ファシズム」＝悪、に対して、「大正」＝「デモクラシー」＝善、という図式だったと分析している。千葉もまた、「戦後」＝「民主主義」が危機に瀕したために、その原型として「大正」＝「デモクラシー」への関心が高まった、と述べる。

ただし、この引用で千葉が振り返っている「大正デモクラシー」研究が隆盛を迎える時期＝「一九六〇年代後半から一九七〇年代前半にかけて」と、その前に参照した伊藤隆と有馬学による分析＝「戦後占領体制下に「デモクラシー」がもたらされたとき」とは、それぞれの時期が全くズレている。この点に注意しなければならない。

確かに、伊藤・有馬が「昭和」と「大正」のコントラストを批判的に解析したのは、一九七五年のことであり、「大正デモクラシー」研究が隆盛を迎えていた時期であった。それゆえ、伊藤と有馬の問題意識は、同時代的に流行していた研究へのアンチテーゼの側面が大きいと見られる。

しかしながら、その、伊藤と有馬の分析は、同時代の研究よりも前に、すなわち、「戦後占領体制下に「デモクラシー」がもたらされたとき」に、「大正期が「デモクラシー」＝善」として思い起こされたのだ、とされている。この点について言えば、本章で確かめるように、伊藤と有馬の予測は、少なくとも、この「大正デモクラシー」を積極的に提唱した信夫清三郎についていえば、当たっておらず、間違っていると言わざるをえない。

なぜなら、信夫は、この「大正デモクラシー」という用語を、きわめて否定的な意味において用いているからである（→一六八頁以下）。「大正デモクラシー」に信夫が込めた否定性については、後述するけれども、その前に、ここで指摘しておかなければならないのは、こうした「大正デモクラシー」認識をめぐるズレが、何を意味しているのか、ということである。

まず、先に引用した、千葉功の展望は、『歴史評論』二〇一四年二月号の特集「大正デモクラシー再考」の冒頭に配されている。このため、有馬学とは正反対に、「大正デモクラシー」の検討には意味がある、との見解に基づいている。

ただ、「様々なデモクラシー論」の流れにおいて「大正デモクラシー」を再考するため、千葉は、この概念に単一の定義を与えるわけではない。それよりも、成田が述べる「歴史用語としても歴史概念としても、きちんと定義されているとは言い難い状況」との認識から出発している。すなわち、「大正デモクラシー」の現在とは、その辞書的な定義が定まらないばかりか、その概念そのものがほとんど用いられず、「概念もしくは枠組みそのものを、日本近代史の論点・争点として検討する意味はほとんどない」とすら、専門家に言われる地点にある。

にもかかわらず、同じく、その専門家である有馬学は、「便宜的なものも含めて、「大正デモクラシー」という用語は命脈を保っており」と述べている。

ここにもまた、「大正デモクラシー」をめぐる認識のズレがある。すなわち、「大正デモクラシー」の専門家のあいだでも、その概念の有効性をめぐるズレがある。

そして、このズレは、実は、先に見たように、すでに、「大正デモクラシー」研究が隆盛を迎えていた一九六〇年代後半から一九七〇年代にかけても、同時代的に起きていたのである。伊藤隆と有馬学は、「大正デモクラシー」＝善、という図式が、「戦後占領体制下」においておきていた、と述べている。けれども、「大正デモクラシー」＝善、とする図式は、伊藤と有馬が、その一九七五年時点で分析対象とした同時代の研究において顕著な姿勢である。かたや、「戦後占領体制下」において見られたのは、本章で詳しく見るように、「大正デモクラシー」の提唱者・信夫清三郎による、極めて否定的な「大正デモクラシー」定義である。

この点で、伊藤と有馬の分析は誤っていると言わざるをえない。

このように、「大正デモクラシー」は、その内実の定義をめぐる困難を、その研究が盛んだった時期から、いまに至るまで抱えている。にもかかわらず、現在でもなお、「大正デモクラシー」という用語を掲げた研究は、命脈を保っている。

その理由は、内実を問わない、結論ありきのキャッチコピーであるがゆえなのである。内実からボトムアップして時代区分を冠したのではなく、逆に、もともとある時代区分を先行させた上で、そこに、「デモクラシー」的な、つまり、松尾尊兊が述べた「顕著に現れた民主主義的、自由主義的傾向」に沿ったイメージを体現する事柄を集めているがゆえに、「大正デモクラシー」という政治体制を区分できるのである。

ここであらためて、本書で、この用語を取り上げる意味を述べておこう。

その意味とは、この用語が、最初に提唱された地点に戻って、その知識社会学的な意義を検討するところにある。「大正デモクラシー」という概念や枠組みの定義に屋上屋を架すわけではない。一九五一年に提唱された当時の意義、とりわけ、「大正」という「元号」と「デモクラシー」というカタカナ語をつなげた意義をここで論じる。

まずは、「大正デモクラシー」の提唱者・信夫清三郎による、一九五一年における、もともとの定義づけを確かめておこう。

2、提唱者・信夫清三郎（一九〇九―一九九二）

いましがた、「大正デモクラシー」の提唱者・信夫清三郎、と書いた。しかし、千葉功が書くように、この用語は、「誰が言い出したかは不明である」[13]。

なぜか。

その理由は、提唱者である信夫自身が、次のように語っているからである。

大正デモクラシーという言葉が使われているけれども、大正デモクラシーということはだれが言い出した言葉か知らないけれども、大正デモクラシーということは一体どういうことをさしているのか[14]

ここで「だれが言い出した言葉か知らないけれども」と信夫は述べ、しかも、執拗に「大正デモクラシー」を繰り返している。信夫は、まるで他人事のように繰り返している。しかし、管見の限りでは、「大正デモクラシー」を標題に掲げた文章を最初に書いた人物は信夫である。また彼の没後に編まれた追悼文集『歴史家・信夫清三郎』にも次のように記されている。

「大正デモクラシー」なる言葉を最初に用いた人物がだれであるにせよ、この概念とその歴史的意義を学界はもとより高校の教科書をはじめ『広辞苑』や『大辞林』（三省堂）などにも項目として記載される国民的用語として広く定着させる契機をつくった功績は、信夫の二大著作『大正政治史』と『大正デモクラシー史』にあることは疑いないことである。[15]

「最初に用いた人物がだれであるにせよ」と留保しながらも、信夫清三郎の功績として、「国民的用語として広く定着させる契機をつくった」点をあげている。

信夫自らは、「だれが言い出したか知らない」とうそぶき、そして、追悼文集でも「だれであるにせよ」と留保されてはいるものの、しかし、たとえば、前節で引用した歴史学者の千葉功は、「大正デモクラシー」という用語の「普及と定着に大きく貢献した研究者[16]」と位置づけている。

こうした点に鑑みて、ここでは、信夫清三郎を、「大正デモクラシー」の「提唱者」と呼ぶ。「発明者」や「発案者」と呼ぶほどにはいかないまでも、後続の歴史家による評価を見れば、「提唱者」と呼ぶにしくはないからである。

では、その信夫は、この語を、いかなる文脈で用いているのだろうか。その信夫の意図を読み解く前に、まず、彼自身の立場を確かめなければならない。

信夫清三郎は、一九〇九年、韓国の仁川において、外交官・信夫淳平《じゅんぺい》（一八七一―一九六二）の三男として生まれる。この淳平の父、すなわち清三郎の祖父は、幕末の漢学者・信夫恕軒《じょけん》（一八三五―一九一〇）だ。信夫清三郎は、学者と外交官という血筋を受け継いだエリート学者と思われるかもしれない。そして、そのエリート学者が、「デモクラシー」というカタカナ語の可能性に賭けるために、「大正デモクラシー」という語を生み出したのだ、と思われるかもしれない。

しかし、そうではない。

まずもって、清三郎と父・淳平の関係は複雑であり、いわば、「スマートな家出」[17]として、東京から九州帝国大学法学部へと進んでいる。よって、清三郎は、その後も、父・淳平からは、大学の授業料を除いて、一切の援助を得ていない。

その上、信夫は、学生運動への参加を理由に、大学の助手として研究を続ける道も絶たれており、一九五〇年、四一歳で名古屋大学法学部教授に就任するまでの一六年間にわたって、

「在野の研究者時代」を送らねばならなかった[18]。在野時代に、唯物論研究会[19]の正会員となり、同会を狙った「唯研事件」によって治安維持法違反容疑で、一九三八年一一月の検挙から八か月間にわたって拘留される。その経歴から想像されるように、マルクス主義の立場に基づいた実証的な歴史研究を旨としている。

「在野の研究者」であり、しかも、マルクス主義系の歴史学者。これが、信夫清三郎が「大正デモクラシー」を打ち出す直前のポジションである。「大正デモクラシー」を提唱する直前の信夫は、大学や研究所、あるいは、国や高校・中学の教師といった立場に守られたり、縛られたりしていない。そのかわりに、研究者としての存在感を主張しなければ、学界からも世間からも認められない。

そうした経歴が、「大正デモクラシー」というキャッチーな、人目をひく意外性のある用語を打ち出したとも考えられるが、ここでは、より内在的に、この用語を検証してみたい。

では、その信夫が提示した「大正デモクラシー」の内実とは、いったいどのようなものだったのか。

信夫清三郎による「大正デモクラシー」の定義

結論から言えば、信夫は、「大正デモクラシー」という用語を、きわめてネガティブな意味で用いている。その信夫の意図を読み解く鍵は、「大正デモクラシー」を初めて世に出した『大正政治史』の「序」にある。この『大正政治史』は、全四巻一三七八ページにも及ぶ長編であるものの、「大正デモクラシー」という用語そのものについては、その「序」と第四巻の最終章「結論　大正末年における日本国家」において扱われるにとどまっている。

大正時代として知られる一九一二年から一九二六年にいたる十五年間の日本の歴史は、近代日本史を解く一つの鍵を提供している。フランス革命の前夜にも比せられた明治十年代初頭から十七年にかけて展開された自由民権運動は、日本の歴史で最初に民主主義を産みだそうとする苦しみにみちた努力であったが、それは流産に了り、再編成された絶対主義のもとに日本の近代はしばらくの反動時代を忍ばねばならなかった。しかし、歴史の必然は、その後三十年にして民主主義の第二の胎児を孕ませた。大正政治史を特徴づける最大の事実としてのデモクラシー運動は、かような歴史的背景のうえに展開されたものであり、そこにまた大正政治史が近代日本史を解く一つの鍵を提供しているという意義も規定されるのであるが、それは二度目だから喜劇に終った。孕んだとみえたのは、民主主義の正当な嫡子ではなくて実は日本帝国主義の鬼子であった。それがなぜ民主主義の正当な嫡子ではなくて日本帝国主義の鬼子であったか——その意義を探究することに大正政治史の最大の課題は存するであろう。[20]

信夫は、「大正政治史を特徴づける最大の事実としてのデモクラシー運動」は、明治期の自由民権運動に続く、「民主主義の第二の胎児」であるが、それゆえに、「二度目だから喜劇に終った」、「民主主義の正当な嫡子ではなくて日本帝国主義の鬼子であった」と断ずる。しかも、「明治期の自由民権運動」には、「フランス革命の前夜にも比せられた」ほど、高い評価を与えている。その一方で、「大正」の「デモクラシー運動」は、「日本帝国主義の鬼子であった」と断じている。

この序文は、信夫清三郎が、まぎれもないマルクス主義系の歴史学者＝史的唯物論に基づいている証左にほかならない。

「明治期の自由民権運動」よりも「大正デモクラシー」は劣っている。「日本帝国主義の鬼子」であり、そして、太平洋戦争という破局へと展開する。こうした発展段階論こそ、史的唯物論者の歴史観である。彼にとって、時代区分論と発展段階論は完全に機を一つにしている。

つまり、信夫は、「大正デモクラシー」をあくまでもネガティブな意味合いで提示している。全四巻一三七八ページに及ぶ『大正政治史』の「結論　大正末年における日本国家」は、だから、次のように結論づけられる。

> 大正デモクラシーの結果は、帝国主義ブルジョワジーを権力の一端にすわらせた。しかも、

デモクラシーの要求が彼らの意図を越えてなおすすもうとしたとき、彼らは絶対主義と政治的妥協をこころみ、デモクラシーは流血のうちに溺れさせられた。デモクラシーを最後まで徹底して遂行する能力と任務はただ勤労人民層だけがもっているという事実は、明治の自由民権についでもういちど実証された(21)

信夫は、「序」において、「二度目だから喜劇に終った」、「民主主義の正当な嫡子ではなくて日本帝国主義の鬼子であった」と述べる。ここには、デモクラシーを最後まで徹底して遂行できるのは、勤労人民層＝民衆だけなのだ、という信夫の信念が見える。マルクス主義系の歴史学者らしく、信夫は、ここで、勤労人民層＝デモクラシー＝善、という等号に、いささかの疑いも抱いていない。

だからこそ、信夫の定義する「大正デモクラシー」でいわれる「デモクラシー」とは、「民本主義」であり、勤労民層とは遠く離れている。この「民本主義」でしかない「大正デモクラシー」を、信夫は、次のように定義する。

明治十年代のインテリゲンチャと貧農の徹底したブルジョワ・デモクラシー運動とは異り、帝国主義段階に残存する官僚や軍閥の恣意を帝国主義ブルジョワジーのために修正しようとしたものにすぎなかった。したがって、帝国主義的発展のために彼らの力が必要になっ

たときには、もろくも彼らと妥協し、彼らに向けられた批判のメスは惜し気もなく折られてしまった。(22)

すなわち、信夫が定義する「デモクラシー」は、demos ＝民衆の、cratia ＝権力、というもともとの語源をあわせた民衆＝人民がもつ主権としての民主主義ではなく、帝国主義ブルジョワジーが、権力を握るために利用する「デモクラシー」に過ぎない。信夫の言う「大正デモクラシー」とは、手続き上の合法性と、民衆の要求、その両者を、あくまでも表面的に満たす政党政治であり、だからこそ、「民本主義」としか呼びようがない、と信夫は言う。

信夫は、「デモクラシー」に、希望を込めていたわけでは、決してない。むろん、松尾尊兊が定義する「顕著に現れた民主主義的、自由主義的傾向」でも、もちろん、ない。先の引用にある、「明治一〇年代のインテリゲンチャと貧農の徹底したブルジョワ・デモクラシー運動」は、確かに、インテリゲンチャの先導という怨みはあるとはいえ、「デモクラシー」と呼びうるものだと、信夫は言う。

けれども、「大正デモクラシー」は、「帝国主義段階に残存する官僚や軍閥の恣意を帝国主義ブルジョワジーのために修正しようとしたものにすぎなかった」。この「帝国主義ブルジョワジー」とは、次節で詳しく見るように、資本の力を盾に、自らの権力と利益を拡大しようとする帝国主義的性格を持つ、新興成金勢力である。この「帝国主義ブルジョワジー」、すなわち

「大正のブルジョワジー」こそ、「大正デモクラシー」の担い手だと、信夫は定義する。ここに、「大正デモクラシー」が、「二度目だから喜劇に終った」所以があり、「民主主義の正当な嫡子ではなくて日本帝国主義の鬼子であった」陥穽がある。

このように、信夫における「大正デモクラシー」は、徹底した批判に貫かれている。では、なぜ、信夫は、このように定義しているのか。その理由を次に考察する。

「大正のブルジョワジー」と「大正デモクラシー」

なぜ、ブルジョワジーは、このような「民本主義」を求めたのか。信夫は、その理由を、「絶対主義の勢力を代表する行政部にたいしてブルジョワジーの利益を代表する立法府の優越が確立されなければならなかった[23]」からだとする。

ここで信夫が言う「絶対主義の勢力」とは、具体的には、天皇であり、封建的な地主の階級支配によって支えられている。なぜ、信夫がそのように定義するのかと言えば、ほかならぬ天皇自らが、「日本最大の地主であるとともに資本家でもあった[24]」からである。

本書では詳しく立ち入らないが、信夫は、同書の中で、天皇の持つ土地と財産を詳しく分析している。それほどまでに、旧来の権力者は、官僚を筆頭とする行政部を握っている。彼らは、土地を基盤とした地主であり、絶対主義の勢力を代表している。

「絶対主義の勢力」は、日露戦争後における軍事費のさらなる高騰に直面し、対策を迫られる。が、その軍費の決定、より細かく言えば、軍事費の増額は、統帥権の下に議会からの制約を受けない。彼ら旧来の勢力が、自らの利益に即して思うままに決められる。天皇や地主たちにとって、軍事費の高騰は、一見すると制約に見えながらも、その実、いかなる支障ともなりえていない。この事態を、「ブルジョワジーの利益を代表する立法府」が黙って見ているわけがない。「帝国主義ブルジョワジー」である彼らは、まずもって、議会の権限を無視する行政部が気に入らない。その上、軍事費の増大を青天井で許しているかぎり、国富を蓄積できない。国富を蓄積できなければ、商業を生業とする「帝国主義ブルジョワジー」の権益は拡大できない。そこで、国富を蓄積するためには、「軍備は経済によって規制され、国防方針は議会の意思にしたがって樹立されなければならなかった[25]」。

「帝国主義ブルジョワジー」は、あくまでも議会が行政部＝軍部を統制するというタテマエを掲げながら、そのホンネは、軍事費の拡大を抑えて、経済を優先させるところに持っている。軍事費によって政府予算が逼迫する中で、ブルジョワジーたちが、自分たちに有利な政策を合法的に進めるためには、まずは、国家権力の中枢を合法的にかつ実質的に握らなければならない。そこで、ブルジョワジーは、民衆を利用する。あるいは、利用するという形でも、その存在やエネルギーを認めて軟着陸させなければ、暴発し、ブルジョワジーの立場が危うくなるほど、民衆のエネルギーは高まっていたのである。

民衆のエネルギーの高まりを象徴する事件として、信夫は、一九一一年の大晦日から翌一九一二年元旦をまたいで四日間つづいた東京市電のストライキを挙げている。マルクス主義労働運動家の片山潜《せん》の指導のもと、六〇〇〇名もの労働者が参加した、このストライキについて、信夫は、次のように分析する。

団結すれば勝ち、多数は力だということを民衆に教えてオオルド・ニッポンに危機をもたらした。民衆は民衆のための政治を要求しはじめた。民衆のための政治の要求は、デモクラシーの思想の精神的な支柱を見出した。デモクラシーは、民衆のための政治を要求する民衆の声となった。民衆は、デモクラシーをさけんで街頭に走り出た。(26)

ここで注意しなければならないのは、「民衆は民衆のための政治を要求しはじめた」点において、「デモクラシーの思想の精神的な支柱を見出した」点である。「デモクラシーは、民衆のための政治を要求する民衆の声」なのである。まだ、「帝国主義ブルジョワジー」が利用するような、そんな弱々しいものではない。爆発せんばかりの、切実な要求だったのだ、と信夫は見ている。

それゆえ、このストライキは、日露戦争直後の「日比谷焼打事件」の流れを受けていると、信夫は言う。焼打事件に参加した労働者は、「職人的あるいはルンペン・プロレタリア的分子であった」[27]からである。このほかに、多数の民衆＝市民が、自然発生的に参加している。民衆は、日露戦争後、「資本の競争」の激化により、刻一刻と貧しさへの不満を高め、自分たちのための政治を要求しはじめたのだ、というのが信夫の見立てである。

民衆のエネルギーは、組織されていないにもかかわらず大きなエネルギーを持っている。これは、ブルジョワジーにとっては不気味な動きであり、「デモクラシーの巨波となって絶対主義者を畏怖させた」[28]。それゆえ、「大正のブルジョワジー」は、「政党の護憲運動に資金を供給し、政党は反政府運動に民衆を動員した」[29]のである。

このように、信夫は、「大正デモクラシー」を、ブルジョワジーが民衆のエネルギーを利用するために用いた方便だと、位置づけている。そして、地主を基盤とした権力を行政部が握る絶対主義に対抗すること。これが、「大正のブルジョワジー」の最大にして唯一の目的であり、その態度を、信夫は次のようにまとめる。

政党が労働者その他の人民層の革命的エネルギーを利用して絶対主義に一撃をあたえつつ——同時にまた普通選挙の運動の場合には労働者その他の人民層の要求を自己の要求の範囲にとどめさせるために運動のへゲモニーを自己の手に掌握しつつ——政権を自己の掌中におさめようと志向したものであった。[30]

「政治の世界を中心に、社会・文化の分野にまで顕著に現れた民主主義的、自由主義的傾向」と松尾が定義する「大正デモクラシー」という用語でイメージされる肯定的な動きは、あくまでも「大正のブルジョワジー」が権力獲得のために利用した手段に過ぎない。

「民本主義」と「民政主義」

にもかかわらず、「絶対主義の城郭はなお牢固としていた」[31]。なぜなら、「絶対主義の抵抗もさることながら、寄せ手の側に石にかじりついてもというだけの気勢を欠いていたことが大きな原因であった」[32]からだ。その「寄せ手の側」とは、すなわち、デモクラシー運動に指針をあたえたデモクラシー理論であり、その二人のイデオローグである、政治学者・吉野作造（一八七八―一九三三）と憲法学者・美濃部達吉（一八七三―一九四八）である。信夫の両者に対する評価は、当然ながら辛辣だ。

周知のように、吉野作造は、「民本主義」の提唱者として知られている。その吉野作造における「民主主義」と「民本主義」の違いを、信夫は、次のようにまとめる。

「国家の主権は法理上人民にある」という「主権の所在に関する説明」であり、もう一つは「国家の主権の活動の基本的な目標は政治上人民になければならない」という「主権運用の方法に関する説明」である。前者を「民主主義」とよび、後者を「民本主義」とよび、両者は「全く別の観念」である。[33]

「民主主義」は「主権の所存に関する説明」であり、「民本主義」は「主権運用の方法に関する説明」であり、さらに、その二つは、それぞれ二つの内容に分かれる。

「民主主義」には、さらに二つの種類がある。一は「主権の本来当然の持主は人民一般でなければならぬ」という「絶対的または哲学的民主主義」であり、他は「ある特定の国家において、その国の憲法の解釈上、主権の所在は人民にある」という「相対的または解釈的民主主義」である。[34]

しかしながら、吉野によれば、どちらも、日本にはあてはまらない。「日本の国情にあわないからである」という。そして同様に、「民本主義」にも二つの種類がある。

その一つは「政権運用の目的すなわち政治の目的が一般民衆の利福にある」という「人民の自由を主張する主義」であり、他の一つは「政権運用の方針の決定すなわち政策の決定が一般民衆の意向による」という「人民の参政権を主張する意味」において「政治の目的

を最も有効に達しうべき政権運用の方法に関する或る主義」である。(35)

吉野は、この「民本主義」の後者、つまり、「参政権を主張する意味」における段階にあると分析した。だから、「吉野作造は、かくして民主主義を斥けて民本主義を主張し、そして参政権のかくとくを日本における民本主義の当面の目標として設定した(36)」、と信夫は述べる。

こうした吉野の主張の特徴を、信夫は次のように述べる。

「吉野作造は、日本に現存する君主制を絶対的なものとしてうけとった(37)」のであり、「デモクラシーを最後まで徹底して遂行する意思を放棄した(38)」。なぜなら、彼は、「ブルジョワ君主制について明確な理論をもたなかった(39)」からであり、その「民本主義の不徹底さは、彼が大衆運動と政治の大衆による支配をおそれる(40)」からである。

なぜ、「おそれる」のか。彼は、「依然として大衆――労働者――を衆愚とみていた(41)」からである。そこに限界があったにもかかわらず、信夫は、次のように評価する。

絶対主義にたいする闘争に一つの理論的武器を提供しえた点で、彼は大正デモクラシー運動の輝けるイデオローグたることができた。しかし、その理論的限界は、同時に大正デモクラシー運動の限界ともなった。(42)

信夫は、絶対主義（という絶対悪）にたいする闘争、という観点においては、吉野作造の理論的貢献をポジティブに評価する。ただ、信夫が肯定する理論的貢献は、吉野の大衆への見方、すなわち、大衆＝衆愚、という見方の裏返しである。日本における当時の君主制は絶対であり、だからこそ、それに対して闘争する意味を吉野は見出す。しかし、その吉野の見解は、他方で、君主制に代わるブルジョワ君主制についての明確な理論には到達しない。その根底には、大衆＝衆愚という彼の見方があるからだ。

このように信夫は、吉野を分析している。

そして、信夫は、この「限界」を、もう一人のイデオローグ・美濃部達吉にも見ている。「デモクラシー」を「民政主義」と翻訳する美濃部の限界は、吉野作造よりも、もっと手前にある、と信夫は言う。

> 美濃部達吉は、消極的には国民の意思に反しての国民の自由行動を外部から圧迫することをすくなくし、積極的には国民をひろく国の政治に参与させて国民の意思にしたがって政治をおこなうというかぎりにおいて、デモクラシーを要求した。しかも、それは「なるべく」という弱い願望にとどまっていた。デモクラシーを最後まで徹底しようという意思は、彼にはみられなかった。共和国のスローガンは、吉野作造とともに彼のかえりみないところであった。彼の場合、デモクラシーは、民本主義ではなく、いわんや民主主義ではなく、

たかだか「民政主義」を表現したのにとどまった。彼の志向は、おそらくは絶対君主制にかかわるブルジョワ君主制にあり、そのような志向を彼は憲法学のうえで天皇機関説として展開したのであったが、それはなおブルジョワ君主制の主張として数多くの限界をもっていた(43)。

吉野作造の「デモクラシー」は、「民主主義」でこそなかったものの、「民本主義」として、不徹底ながらも、「参政権のかくとく」という当面の目標を設定していた。しかしながら、美濃部達吉における「デモクラシー」は、「なるべく」という弱い願望にとどまり、「民本主義」という訳語すら否定している。あくまでも、「人民」が「政治」に参加する、という程度の、消極的な「デモクラシー」にとどまっている。

ゆえに、吉野作造や美濃部達吉の限界は、「デモクラシーという言葉を日本語にうつすのに彼らがおそろしく神経質であったという事実のなかに集中的にしめされていた(44)」、と信夫は捉える。

「デモクラシー」の訳語をめぐっては、吉野作造の「民本主義」や、美濃部達吉の「民政主義」があり、ほかにも尾崎行雄（一八五八―一九五四）は「輿論主義」、「衆民主義」、「公論主義」といったさまざまな案を考えている。しかし、その勘案にあって訳者たちは、注意ぶかく「民主主義」という用語を避けている。そこにこそ、彼らの限界が如実に示されている、と信夫は断ずる。それゆえに、「ブルジョワジーのデモクラシー運動は絶対主義の牙城を抜く気魂を欠いた(45)」のであり、その要因を、信夫は、次の二つに見ている。

第一には、デモクラシーを要求したブルジョワジーが勃興期のブルジョワジーでなくて帝国主義ブルジョワジーであったという事実のなかにあり、第二には、デモクラシーが社会主義（あるいは徹底的な民主主義）と対決しなければならなかったという事実のなかにあった。そして、二つの事実は一つの事実の両面であったにすぎなかった。なぜなら、社会主義は帝国主義のもとで激化する階級闘争のイデオロギーにほかならなかったから(46)。

「大正のブルジョワジー」とは、たとえば、犬養毅であり、原敬であり、彼らこそ、「治安維持法反対運動は、ほかならぬ護憲内閣がさしむけた警察によって弾圧された(47)」事態の首謀者にほかならない。そして、「治安維持法と普通選挙と貴族院改革は、大正デモクラシーの帰結をあきらかにする三大事件(48)」にほかならない。

だからこそ、「大正デモクラシーの結果は、帝国主義ブルジョワジーを権力の一端にすわらせた」のであり、信夫によるその評価は、最大限ネガティブなのである。

ネガティブな用語としての「大正デモクラシー」

本章で、有馬学と伊藤隆による次のような認識を見たことを、ここであらためて思い起こそう。

彼らの認識とは、戦後占領体制下において、「昭和期＝「ファシズム」＝悪」という切り捨てに対応して、「大正期＝「デモクラシー」＝善」という想起があり、そして、「大正デモクラシー」が名づけられた、というものであった。

しかしながら、ここまで確かめてきたように、「大正デモクラシー」の提唱者・信夫清三郎は、この用語をきわめて否定的に打ち出している。そして、本章で確かめたように、この用語の目新しさは、わざわざ、「大正」という「元号」と「デモクラシー」というカタカナ語を組み合わせて、当時の政治体制・政治状況を表現した点にある。

「大正デモクラシー」とは、「大正のブルジョワジー」＝「帝国主義ブルジョワジー」が、絶対主義＝天皇制の支配する権力の仲間入りを果たす結果を招いただけだ、という認識が、信夫の定義する「大正デモクラシー」である。

では、**なぜ、信夫は、「大正民主主義」でも「大正民本主義」でもなく、「大正デモクラシー」という元号とカタカナを組み合わせた造語を提唱したのか**。「明治」も「大正」も「昭和」も、さらには、その前の「元号」も、いずれもカタカナ語とミックスされて使われている事例は、少なくとも、一九五一年当時、信夫が積極的に使った際には、管見のかぎり見られない。「大正デモクラシー」に対しては、当時の学者ならずとも、日本語としての違和感を覚えずにはいられなかったのではないか。

別の言い方をすれば、「元号」とカタカナは、相反するのではないか。「大正」は、その天皇の即位から死去までの、つまり、大正改元から昭和改元までの一五年間を指しており、日本にしか存在しない時代区分である。これに対して、「デモクラシー」は、逆に、カタカナで表記されている点に明らかなように、外来語であり、もともと日本語には存在していなかった概念である。

信夫は、もちろん、あえて、この組み合わせを用いている。信夫による「大正デモクラシー」をパラフレーズすれば、「大正」とは、天皇制＝絶対主義支配を意味し、そして、「デモクラシー」とは、「ブルジョワジー」という同じカタカナ語による帝国主義を示している。

以下で、その仕組みを解いていこう。

信夫の解説によれば、「大正デモクラシー」は、天皇制という絶対主義下で、その体制を強化する動きであった。この用語のうち、「大正」とは、すなわち、天皇制を指しており、その支配下での「デモクラシー」を意味している。だから、信夫にとっては、何ら違和感はないばかりか、当然、この語順、組み合わせが選択されなければならない。

加えて、先に見たように、信夫の説明では、この「デモクラシー」の担い手は、「大正ブルジョワジー」であった。天皇制＝絶対主義を支えるのは、「封建的な地主の支配階級」である。これは、「明治」や「大正」に入って新たに登場したものではなく、反対に、これまでの天皇制を脈々と支えている日本古来の実体である。この地主に対して、「大正ブルジョワジー」は、「帝国主義ブルジョワジー」であり、彼らは、「破産に瀕して資本の戦争に敗れつつあった日本帝国主義の暗黒時代に軍備と経済を調整する手段としてデモクラシーを提起した」[49]。

この「デモクラシー」というカタカナ語を担っていたのが、「ブルジョワジー」という、これもまたカタカナ語であった点にも注目しなければならない。

なぜかと言えば、「デモクラシー」も「ブルジョワジー」も、絶対主義という「古い政治権力」が、「明治」において、「自由民権運動への譲歩として議会を開設したとき[50]」に生まれた、新しい概念だからである。とりわけ、後者の「ブルジョワジー」については、「大正」にいたってもなお、それが日本に定着しておらず、あくまでも、「勃興期のブルジョワジーでなくて帝国主義ブルジョワジー」であったからである。「帝国主義ブルジョワジー」は、この「大正」期、日露戦争後に直面していた国際的対立と、「資本の戦争」という、未知・未経験の事態に直面し、権力への仲間入りを求めていたからである。

信夫は、日本古来の権力者階級に対して、「天皇制＝絶対主義」、「封建的な地主の支配階級」といった形で、すべて「漢字」を使っている。これに対して、「デモクラシー」も「ブルジョワジー」も、外来の概念のままの「カタカナ語」を用いている。**信夫における「大正デモクラシー」は、こうした、旧体制と新興概念のハイブリッドにほかならない。**

それゆえ、「大正デモクラシーの結果は、帝国主義ブルジョワジーを権力の一端にすわらせた」という評価を下している。旧体制を示す「大正」という「元号」によって、「デモクラシー」を唱える「ブルジョワジー」というカタカナ概念の勢力が取り込まれた。これが、「大正デモクラシー」という「元号」と「カタカナ語」のミックスによって示されている。

この点で、本章冒頭で引いた伊藤隆や松尾尊兊のように、「戦後」において研究をはじめた歴史学者と、信夫清三郎の「大正デモクラシー」は、決定的に異なっている。

信夫は、学生運動への参加を理由に、大学の助手として研究を続ける道も絶たれ、しかも、唯物論研究会の正会員として、「唯研事件」により八か月間にわたって拘留されている。「治安維持法反対運動は、ほかならぬ護憲内閣がさしむけた警察によって蹂躙された」[51]、その標的として、信夫自らが狙われている。信夫にとって、絶対主義＝天皇制の権力は、「デモクラシー」を与えてくれるようなやさしい存在では全くない。

3、「大正デモクラシー」と「戦後民主主義」の相似性

「戦後民主主義」

信夫が「大正デモクラシー」という用語に込めた意味は、以上で明らかになった。この意味と、「大正デモクラシー」に「戦後民主主義」の相似性を見出す議論とは、どのような関係にあるのだろうか。

ここで、前の章における議論を呼び出してみたい。

『昭和史』の著者たちは、一九五六年という「昭和」の渦中において、「昭和」＝「戦前」として切り捨てた上で、「戦後」に新しい希望を託していた。対して、この章の前半で見たように、「大正デモクラシー」研究の隆盛は、一九六〇年代後半から一九七〇年代前半であり、その時代における戦後民主主義の形骸化ないし解体への危機意識にある[52]。

前章では、「昭和」＝「戦前」と「戦後」、その二者択一を見た。それと、本章で検討している「大正デモクラシー」と「戦後民主主義」の同一視は、ほぼ一〇年の間をおいて起きている。一九五六年において「戦前」と「戦後」を対比させる中で、「昭和」という「元号」＝インデックスが立ち上がったからこそ、その一〇年後に、「戦後」における「民主主義」の危機に際して「大正」をあらためて立ち上げる歴史意識が姿を見せる。

加えて、ここでさらに注意が必要な点がある。この「大正デモクラシー」と「戦後民主主義」の関係をめぐる、専門家間での認識のズレである。

本章前半で指摘したように（↓一四〇頁以下）、一九七五年の時点で、同時代の「大正デモクラシー」研究を分析した伊藤隆と有馬学は、次のように分析していた。

戦後占領体制下に「デモクラシー」がもたらされたときに、昭和期が「ファシズム」＝悪として切り捨てられ、それに対応して大正期が「デモクラシー」＝善として思い起こされたのではなかったろうか。そして、それに「大正デモクラシー」の名が与えられたのであった。(53)

「戦後占領体制下」＝一九四五年から一九五二年にかけて「デモクラシー」＝善という図式がつくられた、と、伊藤と有馬は述べる。

けれども、本章で確かめてきたように、「戦後占領体制下」において、「大正デモクラシー」を広めた信夫清三郎は、この語を極めてネガティブな意味において用いていた（↓一六八頁以下）。加えて、「デモクラシー」＝善としての「大正デモクラシー」は、伊藤と有馬が分析対象とした同時代の研究において見られた動きだった。

一九五六年において、「昭和」＝「戦前」として、「元号」にインデックスとしての役割と、時代区分のまとまりとしての意味合いを付す動きがあったからこそ、一九六〇年代後半から一九七〇年代前半にかけて、「戦後民主主義」を「戦後」の内実と捉え、そして、「大正デモクラシー」にその相似形を見出す動きが出てきた。

ただし、本章で確認したように、信夫清三郎における「大正デモクラシー」はネガティブな用語であった。その背景として、旧体制を示す「大正」という「元号」によって、「デモクラシー」を唱える「ブルジョワジー」というカタカナ概念の新勢力が飲み込まれた様子を示しているのだ、と本章では分析した。

では、この「戦後民主主義」は、本章のこの分析に従えば、漢字だけであらわされている以上、土着の、さらには、旧体制を示す用語だったのだろうか。

もちろん、そうではない。

「戦後民主主義」という概念には、「大正デモクラシー」とは逆に、「戦後」という日本独自の時代区分に加えて「民主主義」という漢語を並べる作法によって、どこかからの借り物ではない、新しい時代を切り開くのだとする決意がにじんでいる。

その証拠に、たとえば、この「戦後民主主義」に殉じようとする知識人は枚挙にいとまがない。代表的な人物は、もちろん、この「戦後民主主義」を代表し、体現する人物＝政治学者の丸山眞男（一九一四—一九九六）だ。丸山は、「戦後民主主義を「占領民主主義」の名において一括して「虚妄」とする言説」に対して、次のように反駁する。

もちろん戦後民主主義を「虚妄」と見るかどうかということは、結局のところは、経験的に検証される問題ではなく、論者の価値観にかかわつて来る。そうして政治についてのどのような科学的認識も検証不能の「公理」を基底においている限り、そうした「虚妄」観の上にも学問的労作が花咲く可能性があることを私は否定しない。私が神話化というのは、そうした観点からの歴史的抽象が抽象性と一面性の認識なしに、そのまま現実の歴史として通用することをいうのである。私自身の選択についていうならば、大日本帝国の「実在」よりも戦後民主主義の「虚妄」の方に賭ける。(54)

この文章は、丸山の代表作『現代政治の思想と行動』の増補版を刊行した一九六四年に付されている。そして、丸山の危機感と決意は、「明治百年」をめぐって、この翌年＝一九六五年に出版された山田宗睦《むねむつ》（一九二五―）の『危険な思想家』に引き継がれることになる（↓第五章）。ただ、ここで決定的に重要な点は、丸山も山田も、どちらも、「戦後民主主義」について明確な定義を与えていないところにある。丸山が、その「虚妄」の方に賭ける、と大見得を切った時の、その「戦後民主主義」とは何なのか。同時代的にいっても、大衆社会論を唱えた松下圭一の著作『戦後民主主義の展望』もまた一九六五年に出版されているが、ここでも、丸山と同様に、明確な定義はなされていない。(55)

もちろん、彼ら以外の誰かが、「戦後民主主義」を定義づけているのかもしれない、その可能性は否定しない。

しかしながら、「大正デモクラシー」と「戦後民主主義」の相似性を考える上で重要な要素は、両者が共通して持つ、定義のゆれにほかならない。専門家や、それを信奉する人々のあいだにおいてなお、「大正デモクラシー」も「戦後民主主義」も、ともに、その内実が、一意にならない。その性質において、「大正デモクラシー」と「戦後民主主義」は相似性を持っている。

さらに、「世代論的な機制」についてもまた、丸山と山田に適用できる。丸山は、大正三年（一九一四年）生まれ、そして、山田宗睦は、大正一四年（一九二五年）生まれと、それぞれ「大正」生まれだからである。「大正」という「明治」と「昭和」に挟まれた時代に生まれた彼らにとっては、その「元号」が背負う時代の意味は大きかった。「明治」への復古でもなく、「昭和」＝「戦前」への回帰でもなく、「戦後」という新しい時代への希望を込める彼らにとっては、自分たちの生まれた「大正」という時代こそ、希望を託す対象にほかならなかった。

いわば、非＝一意性とでもいうべき、この性質は、本書が先行研究として検証した時代区分論とも共通している。

時代区分としての「大正デモクラシー」

本章で確かめたように、江戸時代と「明治」時代は、連続しているにもかかわらず、その時代区分の概念は、まったく異なっている。

江戸時代以前の時代区分は、あくまでも政治体制の違いに基づいている。たとえば、鎌倉時代は、鎌倉幕府の成立から始まる、とする。が、この点については議論がある。源頼朝が征夷大将軍に任ぜられた一一九二年なのか、あるいは、守護・地頭を諸国に置いた一一八五年なのか、さらには、頼朝が挙兵した一一八〇年という議論もある。[56]

どの解釈を選んだとしても、「江戸」や「鎌倉」という土地に、時の政治権力の中心が置かれていたからこそ、「江戸時代」や「鎌倉時代」という時代区分がなされている。

これに対して、「明治」時代は、「明治」という「元号」によって区分している。にもかかわらず、江戸時代と「明治」時代を連続している。

「明治」以後の「一世一元」においては、政治体制の変更と、改元は一致していない。にもかかわらず、あたかも、「大正デモクラシー」のように、「大正」という「元号」に付随する政治体制の特質・特徴があったかのように受け取られている。だから、近代日本政治史の坂野《ばんの》潤治《じゅんじ》は、「大正デモクラシー」に示唆を得て、「明治デモクラシー」と「昭和デモクラシー」をも提唱する。[57]

しかしながら、日本において「元号」と政治体制は、このように一対一で対応していたわけではない。それどころか、「元号」とともに政治体制を表象するのではなく、全く別の文脈によって、どこでどのように時代を区分するのかをめぐって、日本の歴史学は議論を積み重ねてきた。その典型的な議論こそ時代区分論であり、第二章において、次の点を確かめている。それは、時代区分とは、形式的でありながらも、一般性を欠いており、論者によって異なっており、その区分を唱える論者が、どのような歴史意識を反映しており、論者の恣意性をあらわす記号にほかならない、という点である。論者の恣意性をめぐっては、本書冒頭で引いた、フランスの中世史家ジャック・ル＝ゴフのことばにいまいちど立ち返ってみよう。

歴史を時代に分けることは、けっして中立的で無邪気な行為ではない。近現代における中世のイメージの変遷を見ればそれは明らかである。このイメージを通して表現されるのは、一定の定義を得た歴史の流れに与えられる評価であり、集団的な価値判断である。それに、ある歴史的時代のイメージは時とともに変化していくものだ。(58)

第二章では、このル＝ゴフのことばを、網野善彦や柄谷行人といった論者を参照しながら検証した。その上で、井上章一や保立道久を引き、時代を区分する歴史家自らが、その時代区分の恣意性に自覚的であり、かつ、「日本史」という限定を解除しようとする提案がなされている傾向を確かめた。

そこで、信夫清三郎の「大正デモクラシー」を時代区分論に照らして論じることの意味、より細かく言えば、時代区分論との異動を、より明確にしなければならない。「大正デモクラシー」という呼称は、旧体制を示す「大正」という「元号」によって、「デモクラシー」を唱える「ブルジョワジー」というカタカナ概念の勢力が取り込まれたことを意味している、と先に述べた。そこで信夫は、「大正」という「元号」による時代区分を前提にしている。その上で、「デモクラシー」にも意味を付している。

この仕組みを時代区分論に照らしてみよう。

時代区分論では、「古代・中世・近世」という日本語圏独特の術語を用いており、その点を、井上章一や保立道久は批判している。井上も保立も、ともに、「古代・中世・近世」、その三つの時代区分が「すでにあるもの」としてイメージされ、そして、意味があるかのように扱ってしまう作法を批判している。

すると、「大正デモクラシー」についても、同じ批判が向けられる。「大正」という「元号」による時代区分をア・プリオリに用いている。その上で、当該の時代区分における政治体制の特徴として、「デモクラシー」をつなげている。

信夫が「大正デモクラシー」を打ち出す『大正政治史』は、全四巻一三七八ページに及ぶ。その叙述は、もちろん、「大正元年」から始まっているわけではない。けれども、そのタイトルを『大正政治史』と掲げ、「大正デモクラシー」というコピーを用いており、「大正」という「元号」による時代区分を所与のものとしている。この点で、すなわち、区分が先行し、性格づけを後から付与する議論において、時代区分論と「大正デモクラシー」は同じ仕組みである。ただし、時代区分そのものについては、「明治」以降の「元号」によるものと、「江戸時代」以前のそれとの違いに留意しなければならない。

本章で確かめたように、江戸時代までの時代区分は、主として政治体制の違いに基づいている。ゆえに、「古代・中世・近世」とは別の、たとえば、戦国時代や安土桃山時代、といった時代を、何をメルクマールに区分するのかについては、論争がある。この点は、第二章で見た柄谷行人や佐藤正幸の議論にある通りだ。

これに対して、「大正デモクラシー」は、「明治」の一世一元以降の時代区分であり、それを解き明かす信夫清三郎は、たとえ「大正元年」から叙述を始めていないとはいえ、そこには、区分をめぐる争いの生じる余地はない。「大正時代」と言えば、若干の前後はあるかもしれないが、主として一九一二年七月三〇日から一九二六年一二月二六日までを指す。事実、信夫の『大正政治史』も、「昭和」まで踏み込んではいない。

時代区分論が、たとえ、「古代・中世・近世」という三区分を前提としていたり、あるいは、鎌倉時代や、安土桃山時代、といった旧来の呼び方を所与のものとしていたりしても、その内実の検討はおろそかにはしない。というよりも、その内実の扱いをめぐって論争が行われてきた。柄谷の言うように、「歴史学は、ほとんど区切りをめぐってあらそっている」。

これに対して、「大正デモクラシー」としてあらわされる時代区分は、その内実を争うまでもなく、「デモクラシー」という政治体制を示す呼称を付与してしまっている。すなわち、形式においても内実においても、その両者をともにア・プリオリにしている点で、時代区分論とは異なっている。

「戦後」の相似形としての「大正」

信夫が「大正デモクラシー」を打ち出す『大正政治史』執筆時点の社会状況は、一九五〇年六月二五日の朝鮮戦争勃発に始まり、一九五〇年九月からの公務員のレッドパージ、そして、一九五一年九月八日のサンフランシスコ講和条約の調印といった、「戦後」の曲がり角にある。こうした中で、信夫は、「大正」という「元号」による時代区分だけではなく、そして、「デモクラシー」という内実も、ともにア・プリオリに議論を展開し、しかも、このキーワードを否定的に用いていている。

加えて、信夫が「在野の研究者」であり、マルクス主義系の歴史学者である、その要素も鑑みなければならない。彼は、「大正デモクラシー」を最初に論じた『大正政治史』の最終第四巻の「序」において、次のように振り返っている。

> 『大正政治史』四巻を綴って得た感想は、大正時代のような複雑な時代の歴史はもはや個人の処理ではまかないきれないということである。一生を大正一五年間の歴史でつぶすというなら別であろうが、私は私の本来の課題である太平洋戦争述作をいそがなければならぬ。[59]

「大正デモクラシー」を核とする「大正時代」は、「個人の処理ではまかないきれない」、ゆえに、本来の課題は、「太平洋戦争述作」だと述べる。史的唯物論者としての信夫にとって、歴史における時代区分は、発展段階と同じである。本章でも引用したように、信夫は、「明治期の自由民権運動」の劣化段階として「大正デモクラシー」を捉えている。その劣化の果てが、「太平洋戦争」であり、信夫は、自らの本来の課題を、そこに位置づけている。

信夫においては、「明治」「大正」「昭和」という時代区分は、日本帝国主義が破局に至る発展段階として捉えられる。そして、「大正」という時代区分は、発展段階論において定められている。だから、「大正デモクラシー」は、言うまでもなく、ネガティブな段階である。「太平洋戦争述作」に向けた露払いとしての「大正デモクラシー」叙述は、もちろん、ネガティブな色合いに染められる。

信夫は、ネガティブな結論ありきの標語として「大正デモクラシー」を打ち出しているゆえに、たとえ全四巻一三七八ページを費やして「大正デモクラシー」の否定的な側面を詳述したとしても、その議論は、「戦後」の曲がり角におけるア・プリオリな、そして、否定性に満ちた議論に過ぎない。彼の議論は、後続の歴史家が反論したり、引き継いだりしたりする点での可能性は持てないのである。

裏を返せば、その可能性を持てないからこそ、結論ありきであるからこそ、「大正デモクラシー」は、インデックスとしての訴求力を持っている。信夫は、発展段階論を信奉し、そして、「明治」から「大正デモクラシー」、そして、「太平洋戦争」へと至る時代区分を描こうと試みたと言えよう。

これに対して、「戦後民主主義」の相似形としての「大正デモクラシー」を見出した後続の歴史家たちもまた、「昭和」＝「ファシズム」＝悪、という結論を共有しているのであり、「明治」「大正」「昭和」という時代区分を、信夫清三郎と共有している。

ただ、信夫とは逆に、「大正デモクラシー」＝善、という側面を強調する作法によって、より一層、「昭和」の否定性を強めようと論じている。このコントラストにおいて、違いが見られる。たとえ、結論ありきのア・プリオリな議論であるにせよ、さらには、ネガティブな形での流布にしても、「大正デモクラシー」は、通俗的なイメージ（↓第一章）を伴っている。だからこそ、後年、「戦後民主主義」の危機に際して、その相似形として思い出されるのである。

「大正デモクラシー」という語は、一九五一年以降、すなわち、「戦後」において打ち出され、教科書にも掲載されるほどの訴求力を持っていた。けれども、歴史学や政治学といった専門家の世界においては、疑義が示され、使用頻度は減っている。

この語の提唱者・信夫清三郎の込めたネガティブな意味と、その後の展開におけるポジティブな流れは、一見すると相反するように見える。が、「大正」と「戦後」として思い起こされる点に鑑みるならば、ネガティブであろうと、ポジティブであろうと、その図式は変わらない。どちらも、「昭和」＝太平洋戦争＝悪＝ファシズム＝破滅、という図式をもまた共有しているからだ。

さらには、「大正デモクラシー」という記号の持つ意味合いも変わらない。

信夫は、膨大なページ数を費やしているものの、結論ありきの時代区分に則っている。このため、「大正デモクラシー」は、厳密な論証の果てに打ち出されたのではなく、キャッチフレーズありきの議論を展開している。

これに対して、一九六〇年代後半から一九七〇年代前半にかけて「戦後民主主義」の危機に際して、「大正デモクラシー」を呼び出した研究者たちもまた、その標語に内実を与えるために、立論している。

第二章で参照した方法を踏まえれば、言説分析の結果として、ある特定の時代に「大正デモクラシー」としか呼ぶ術のない傾向があるわけではない。それとは正反対に、「大正デモクラシー」という、既存の時代区分を前提として、その内容を検討しているに過ぎない。

「大正デモクラシー」とは、このように、常に結論ありきの、ア・プリオリな論点先取のインデックスである。それゆえに、国民的な広がりを持ち、同時に、現在では、専門家が疑義を呈する対象になっている。

こうして、あらためて本章冒頭で掲げた問い＝「大正」と「戦後」の相似性を見る議論は、いかに成立したのか、に答えることができる。

それは、「大正デモクラシー」が、厳密な論証の果てに打ち出されたのではなく、キャッチフレーズありきの議論を展開しているからだ。提唱者・信夫清三郎が、「大正デモクラシー」にきわめてネガティブな意味を込めていたにもかかわらず、松尾尊兊を筆頭とする「戦後民主主義」の危機に際して論じた歴史家は、そこに「顕著に現れた民主主義的、自由主義的傾向」に沿ったイメージを見ている。

さらに、現在では、成田龍一や有馬学のような専門家は、「大正デモクラシー」という用語の内実を疑っている。

このように、ネガティブからポジティブへ、さらには、内実の欠落へ、という大きすぎるゆらぎを経てもなお、「大正デモクラシー」は命脈を保っている。その理由は、時代区分論、あるいは、時代区分が、論者の恣意性をあらわす記号であるからだ。

「明治」以降の「元号」は、天皇の可死的肉体の在位を起点とする、きわめて不安定な、また、政治体制とは直結しない記号だ。にもかかわらず、「大正デモクラシー」が、「戦後民主主義」と似ているとみなされる、その理由は、ともに、その内実が空虚であるからだ。**おのおのが、自分たちの見たいものや、希望を託したいものを、好き勝手に詰め込める、大きな箱こそ、「大正デモクラシー」であり、「戦後民主主義」であった。**

それゆえに、それぞれの定義は、ゆれる。「大正デモクラシー」は、もともと否定的であったにもかかわらず、ポジティブに使われる。「戦後民主主義」は、その流布と同時代的に、すでにその「虚妄」が指摘されているにもかかわらず、いまに至るまで、ある種の記号としての命脈を保つ。こうした内実の空虚さにおいて、「大正デモクラシー」と「戦後民主主義」は、論じるものたちそれぞれが、思い思いに、類似性をみつけられる。

では、「大正デモクラシー」が参照項としていた「戦後」=善という図式は、「元号」と、どのような関係を描いているのだろうか。この点を考える上で格好の題材こそ、「明治百年」にほかならない。次章では、この「明治百年」を検証する。

第五章

「明治」

――「明治百年」と「戦後二〇年」の対称性

「降る雪や　明治は　遠くなりにけり」。

昭和天皇（一九〇一―一九八九）と同年生まれの俳人・中村草田男（一九〇一―一九八三）が、こう詠んだのは一九三一年（昭和六年）のことだった。中村の俳句が発表された当時は、第三章で触れた「明治ブーム」にも一段落がつき、「明治」という時代の箱が、少し遠い昔をあらわすインデックスとして認識されはじめていた。

この句から八〇年以上が過ぎた現在、「明治一五〇年」に向けた関連施策について、政府が検討を進めている。[1] そのサイトには、次のような文言が掲げられている。

平成30年（2018年）は、明治元年（1868年）から起算して満150年の年に当たります。

明治150年をきっかけとして、明治以降の歩みを次世代に遺すことや、明治の精神に学び、日本の強みを再認識することは、大変重要なことです。

まずもって、「明治一五〇年」の起点を「明治元年」に置いているのだが、これについては必ずしも自明ではない。なぜなら本章で後に見るように（↓一九五頁以下）、「明治百年記念式典」を、何月何日に開催するのかをめぐって議論は紛糾していたからだ。

加えて、もとより、「明治以降の歩みを次世代に遺すこと」は、なぜ、「大変重要なこと」なのだろうか。その理由についてもまた、必ずしも自明ではない。なぜなら、本章で見るように、「明治百年」に際しては、そもそもそれを祝うべきなのか、あるいは、同じ時期に区切りを迎えた「戦後二〇年」を重視すべきなのか、といった議論が交わされていたからだ。

すなわち、本章では、この「明治一五〇年」の前提となっている「明治百年」における歴史意識を解明する。

本書ではこれまで、「昭和」と「大正」という元号による時代区分の意識が、いずれも「戦後」との対応関係において形づくられてきたさまを見てきた。

第三章では、「昭和」＝「戦前」＝悪、として切り捨てる姿勢を担保するために『昭和史』の著者たちが用いた「科学的」とする姿勢に着目し、それゆえに、ベストセラーとして「国民」の大きな支持を集めた事実を指摘した。そればかりか、「国民」の側は、「もはや「戦後」ではない」とするキャッチフレーズをもまた流行させるほどに支持しており、その姿勢は、これまでの「戦後」を切り捨てて、これからは新しい「昭和」＝高度経済成長へと突き進むのだ、とする選択の何よりの証拠であった。

続く、第四章においては、「大正デモクラシー」と「戦後民主主義」が、ともに、内実の空虚さにおいて通底し、そして、論者たちが自らの願望を投影させる箱として機能していた点を抽出した。そこでは、「昭和」＝「戦前」＝悪、の反対項目として、「大正デモクラシー」＝「戦後」＝善という図式が描かれていたのだと指摘した。

こうした議論を受けて、本章では、「明治百年」において「元号」とともに立ち上がる歴史意識を分析する。この分析にあたっての**本章における問いは、「明治百年」において、「明治」∪「戦後」という類型が、「戦後二〇年」との対称性において、なぜ、そして、どのように形づくられたのか**、というものである。

0、なぜ「明治百年」なのか

本書冒頭で述べたように、「元号」は、天皇という可死的肉体の在位を起点として測られる時代区分である。その「元号」と「戦後」の対称性は、なぜ、そして、いかにして形成されたのか。これが、本書全体の問いである。

この問いは、もし、「元号」＝過去、そして、「西暦」＝未来、という単純な二分法を用いることができるのならば、成り立つことはない。「元号」は、前近代的な過去の遺物であって、現在では、「西暦」というグローバルスタンダードを用いているのだとすれば、本書全体が無用の長物と化す。

しかしながら、少なくとも、「明治百年」は、国家的な大プロジェクトとして「現在」と「未来」を動かしていたのであり、決して「過去」として葬り去られていたわけではない。内閣総理大臣をはじめとして、全国的に、この「明治百年」を言祝いでいたのである。

さらに、本章の問いへの答えを先回りしておけば、「明治」が「戦後」の原型として位置づけられるのは、多分に世代論的な機制に基づいているからである。

「戦後」の焼け野原からの復興に際して、「開国」や「富国強兵」や「殖産興業」といった「明治」の黎明期が思い出されるのは、当然なのである。なぜなら、「戦後」の復興にあたって、その指導的役割を担った世代は、いずれも「明治」生まれであって、自らの幼少期の記憶にある「明治」の輝きを「戦後」に重ね合わせようと試みたからである。焼け野原を前にして、その原体験＝「明治」へと回帰し、そこに「戦後」のプロトタイプを見ようとしたからである。

しかしながら、本章で見るように、「明治百年」にあたっては、「明治百年」か「戦後二〇年か」のどちらかを選べるかのような、あるいは、選ばなくてはならないかのような議論が大勢を占めていた。「明治」∪「戦後」ではなく、実は、当時においては、「明治」or「戦後」の二者択一を迫る議論が、幅をきかせていた。

その後、司馬遼太郎に代表的なように、輝かしい「明治」を近代日本の模範として、そこに「戦後」の道程を重ねようとする論者は、枚挙にいとまがない。

すなわち、「戦後」の原型を「明治」に見る議論は、「明治百年」か「戦後二〇年」か、という二項対立が論じられていた一九六八年の時点では完成していない。「明治」∪「戦後」という議論は、実は、この「明治百年」を提唱した桑原《くわばら》武夫と竹内好《よしみ》に見られる例外的な議論だった。

言い換えれば、「明治」∪「戦後」という類型は、「明治百年」か「戦後二〇年」か、という二者択一の形での議論を経たからこそ固まったと言える。二つの歴史意識は、対立するものではなく、逆に、後者から前者を見直す視線によって、相互補完的に確立していったと言える。なぜならば、「明治百年」は、その提唱者・桑原と竹内の議論に明らかなように、歴史意識の複数性や二重性を重視した表象だったからである。

そこで、本章は、桑原武夫と竹内好という二人の言論人にフォーカスを絞って議論を展開する。その理由は、単に彼ら二人が、「明治百年」という区切りを記念せよ、と提唱していたからだけではない。それだけではなく、彼ら二人が、「明治百年」という線分の持つ歴史意識の複数性や二重性に重きを置いていたからである。

そして、あらためて断るまでもなく、現在では、「明治」∪「戦後」という図式が共有されており、「明治」vs.「戦後」、あるいは、「明治」or「戦後」という図式は、消え失せている。「明治百年」においては、政府側が「明治」∪「戦後」を唱えた。これに対して、歴史学者をはじめとした反対勢力は、「明治百年か戦後二〇年か」という二項対立＝「明治」vs.「戦後」という形で問いを突きつけた。

後者の図式は、現在では、全く共有されていない。その理由についてもまた、本章で展開する桑原と竹内の議論の追跡によって解明する。

そこで本章ではまず、「明治百年」の旗印の下で、いかなる社会的な動きがあったのかを確かめた上で、その知識社会学的な分析を行う。次に、この「明治百年」を提唱した二人の知識人・桑原武夫と竹内好の議論を振り返った上で、その歴史意識から得られる示唆を抽出する。

そして、「明治」という「元号」の位置づけについても、この「百年」という周期での社会的想起は重要な意義がある。「日本の近代が『明治』改元とともに歩みをはじめた」というストーリーは、通説であり一定程度確かだと言えよう。その社会的共通認識、あるいは、集団的記憶が、足場を固める決定的な地点こそ、この「明治百年」の時空間にほかならない。

たとえば、二〇一二年は、「大正百年」であったものの、社会的に何の関心も呼ばず、また、いかなる記念行事もなされなかった。新聞や雑誌などで単発的に、「大正百年」という形で、この「元号」に着目する動きが見られたものの、政府の公式行事として顕彰されることはなかった。また、そもそも、「大正百年」を祝うべきだ、とする言論人も皆無とまでは断言できないものの、少なくとも目立たなかった。「大正百年」は、この点で、「明治百年」とは正反対なのである。

あるいは、「明治」のひとつ前の「元号」である「慶應」は、一九六五年にその百周年を迎えているものの、少なくとも政府レベルでは、全く思い出されてはいない。

「昭和」が百年を迎える二〇二六年に、どのような社会的動きがあるのかは、不透明だ。ただ、先に触れたように、「明治一五〇年」を祝おうとする政府の動きがあることだけは確かであり、それゆえに、あらためて「明治百年」の時空間を見直す営みこそ、現在の歴史意識を抽出する上においてもまた、重要なのである。

では、本章で抽出する歴史意識とは何か。それは、「明治百年か戦後二〇年か」という二者択一ではなく、「明治」や「大正」、さらには「戦後」も含めた複数性、重層性、二重性に裏打ちされたものにほかならない。

1、「明治百年」の知識社会学

「明治百年」への懸念

本節では、「明治百年」が、いかなる空間だったのかを確かめる。

「明治百年」とは、いったいどの地点を指すのだろうか。この疑問は、もちろん、現在だけではなく、「明治百年」の記念行事を計画し始める時点で浮上していた。(2)

日本政府主催の明治百年記念式典は、最終的には、一九六八年一〇月二三日に日本武道館で行われる。この点に明らかなように、「元号」が「明治」へと改まり、「一世一元の制」が出された一八六八年一〇月二三日、つまり、旧暦の一八六八年九月八日を「明治」の始まりと定めている。

しかし、ここに至るまでには、次に挙げる候補日の中から、どの時点を「明治百年」の起点とするのかについて百家争鳴の議論があった。すなわち、明治天皇践祚（一八六七年二月一三日、以下、カッコ内の日付はいずれも新暦換算）、大政奉還（一八六七年一〇月一五日）、王政復古の大号令（一八六八年一月三日）、五箇条の御誓文布告（一八六八年一月六日）、明治天皇即位大礼（一八六八年一〇月一二日）、明治改元（一八六八年一〇月二三日）といった六つの候補日であり、この中から、最後の「明治改元」が、「明治百年」の起点に選ばれている。

「明治百年」をどこから数え始めるのか、という議論が巻き起こることそれ自体が、この議論を特徴づけている。つまり、ただ単に、「明治」への改元からの百年を記念するだけではなく、この百年間における日本の歩みを振り返ろうとする意図がある。その意図は、復古的な立場に基づけば、太平洋戦争の敗北で失ってしまった自信を取り戻す方向に進むし、あるいは逆に、進歩的な立場に基づけば、戦争にまつわる負の記憶を再び反省しようとする方向へと進む。

また、明治天皇が皇位を継承した践祚や、明治天皇即位大礼を、「明治百年」の起点とすれば、この百年間の歩みを、すなわち、天皇家の歴史と捉える見方へとつながる。戦争に負けたにもかかわらず、天皇家は存続し、そして、「明治百年」の時点でも続いている、その歴史を言祝ぐ視点がクローズアップされる。

あるいは、五箇条の御誓文が布告された日付を起点とするならば、また別の観点が生まれる。

「広く会議を興し、万機公論に決すべし」から始まるこの御誓文を、明治期に自由民権運動の担い手たちが、その根拠としている。この点に明らかなように、もし、この一八六八年一月六日を「明治」のはじまりとしたならば、天皇家よりも民衆に重きを置く視点を「明治百年」に導入したと思われる。

さらに、そもそも、「明治百年」を記念することへの反対も根強かった。最も顕著な反対運動は、主として歴史学者、それもマルクス主義系の歴史学者によって担われている。「戦後」におけるマルクス主義系の歴史学者は、現在から想像もつかないほど、大きな影響力を有していた。その彼らが、大挙して「明治百年」に反対する。

一九六七年一〇月に出された歴史学研究会・歴史科学協議会・歴史教育者協議会の三団体による「『明治百年祭』反対運動に関するよびかけ」は、「過去の侵略戦争に対する反省をまったく欠く」「天皇中心主義思想を大々的に国民に植えつけようとする」「アジア諸国民の犠牲の上に築かれた日本近代の歩みを「近代化」の模範として美化しようとする」「非科学的な歴史観を国家権力によって押しつけようとする」[3]といった激しい文言で批判している。

翌一九六八年七月一〇日には、「「明治百年祭」に関する声明」が五四もの学会の連名で出される。こうした、歴史学研究会をはじめとした団体の危機感は、「明治百年」の数年前から始まる復古的な動きに対応していた。

加えて、一九六五年一月一一日に文部省の中央教育審議会が発表した「期待される人間像」

の中間草案も、復古調だと批判された。その草案に含まれた「祖国日本を敬愛することが、天皇を敬愛することと一つである」という一節は、戦前の教育勅語を復活させるものだと批判されたのである。あるいは同年三月一八日には、明治期の建造物保存を目的とした「明治村」が愛知県犬山市にオープンするとともに「明治ブーム」が巻き起こる。

この「明治ブーム」は、「明治村」のような建築だけではなく、映画やテレビドラマといった文化面、さらには、国や地方の自治体においても大きな潮流になる。

たとえば、一九六六年七月一二日の「読売新聞」夕刊は、「明治ブームでロケ大繁盛」との見出しで、旧城下町の風情を残す愛媛県大洲市が、映画『坊っちゃん』等のロケ地に立て続けに選ばれている様子を伝えている。あるいは、NHK大河ドラマでは、幕末から明治初期を舞台とした大佛《おさらぎ》次郎(一八九七―一九七三)原作の『三姉妹』が一九六七年に、司馬遼太郎(一九二三―一九九六)原作の『竜馬がゆく』が翌一九六八年に放送される。また、司馬は、一九六八年から産経新聞紙上で『坂の上の雲』を連載する。

さらには、地方自治体は、こぞって明治期の偉人の顕彰活動を始めたり、郷土史を発行したり、郵政省(当時)は、偉人を冠した記念切手を発行したり、政府は「明治百年記念館」や「明治百年記念展望台」、あるいは、「明治百年記念公園」を各地に作ったりする。

それだけではない。

政府は、翌年六月、二月一一日を「建国記念の日」という祝日に制定する。この二月一一日は、明治政府が、神武天皇即位に由来する「紀元節」として最も重要な祝日と定めた日であり、一八八九年の大日本帝国憲法発布もこの日に合わせて行っている。しかし、一九四八年七月二〇日に日本国憲法下で公布・施行された「国民の祝日に関する法案」からは、この「紀元節」は排除されたため、一九五〇年代から吉田茂（一八七八―一九六七）らによってこの「復活」が画策されることになる。時の天皇の弟・三笠宮崇仁（一九一五―二〇一六）が、雑誌『文藝春秋』に「紀元節についての私の信念」（一九五九年一月号）を寄稿し、反対を表明するなどの紆余曲折を経た後、この「紀元節復活」が、「建国記念の日」として実を結ぶのが、この一九六六年だった。

「明治村」に代表される「明治ブーム」だけではなく、「紀元節」という旧憲法下で尊ばれた行事までも復活が図られる。この復古的な気運の中で「明治百年」を迎えることになる。

国家的行事としての「明治百年」

一九六六年三月二五日の「明治百年を記念するため、国家的行事として、明治百年記念行事を実施すること」の閣議了解を経て、翌四月一五日には、内閣総理大臣・佐藤栄作（一九〇一―一九七五、時の天皇と同年生まれである）が、「明治百年記念準備会議」の設置を閣議決定する。この会議には、経団連会長の石坂泰三や、国立大学協会会長の大河内一男、経済同友会代表幹事の木川田《きかわだ》一隆、日本医師会会長の武見太郎といった、各界の代表者をはじめとして、ジャーナリストの池島信平、評論家の大宅壮一、小林秀雄、福田恆存、さらには、美術作家の岡本太郎、建築家の丹下健三、作家の丹羽文雄、さらには、明治文化研究会代表の木村毅《き》も含めた八七人もの著名人が名を連ねている。

そして、この「明治百年記念準備会議」第一回会議において、「明治百年」を明治改元の日、すなわち、一八六八年一〇月二三日（旧暦一八六八年九月八日）から起算することを満場一致で決める。日本政府は、「明治百年」を、明治が続いていれば、ちょうど百年目に当たる、その日だと定める。こうした国家的な動きは、「明治ブーム」の高まりの中で生まれたというよりも、多分に政治的な動きであった。実際、佐藤栄作は、「明治の偉大さを顧みて」と題した小文において、次のように述べている。

> わが国は、明治という時期を画して、長い封建制度を脱し、先進諸国の文明を吸収しながら、近代国家への道を歩んだのであります。明治の先輩は、日本人としての国民的自覚に徹し、新しい開拓精神に燃えて、東西文明の接点としての日本の建設にこん身の努力をいたし、今日の日本を築きあげたのであります。
>
> 百年のその間、世界史にいくつかの史実を書きかえた壮大なる進歩と発展の実績は、今次大戦による致命的な痛手にもかかわらず、きわめて短期間に国力を回復し、国の再建に

成功しましたこととあわせて、全世界のひとしく驚嘆しているところであります。この明治から昭和に至るわが国百年の歴史は、世界各国が驚異の眼をもって観察し、かつ、各国における日本研究の意欲を喚起させている事実に考えをいたして、百年祭を機会に日本人自らがわが国をよく知るように努力し、その国民的エネルギーを今後に発揚することこそ、百年祭の根本的意義であると考えるものであります[4]

「明治という時期」、あるいは、「明治の先輩」のことを、よく勉強した上で、「その国民的エネルギーを今後に発揚すること」が、この「百年祭の根本的意義」だという。この「明治百年」が国威発揚を目的としているのだと明言している。さらには、一九六八年の「年頭の抱負」では、次のように、その「政治的」意図をあらわにしている。

ことし一番大きい政治的行事は明治百年記念事業だ。この展開が基本になる。いたずらに復古調、懐古調で取組むつもりはないが、この百年間のすばらしい歩みは外国も認めている。物質文明、精神文明で西欧に追いつき、追越そうとしただけでなく、百年前の人たちは世界的な観点に立ってものを考え、発言した。また、百年前の人々の国家意識が強かった点にも心打たれる。(中略)「自らの手で国を守る気概がほしい」という私の発言が去年の国会で論議を呼び、憲法改正、徴兵、海外派兵論まで発展した。私は明治初年の人たちの国家意識と今とは雲泥の差だと思う。敗戦後「愛国心」などといえば「反動政治家」と非難され、国民もふしぎに思わなかった。しかし、これは間違っているんじゃないか。[5]

この記事の見出しが、「国家意識の高揚を強調」と掲げられている点に明らかなように、また、先の佐藤栄作の発言にも「一番大きい政治的行事」とあるように、国家プロジェクトとして、それも、最重要かつ「政治的行事」として、この「明治百年」は祝われている。

ここに引用した記事の横には、「多彩な〝明治百年記念行事〟」と題して、三五の政府主催の記念行事・事業（予算額一八億一七〇〇万円）が列挙されているほか、全国の都道府県でも五〇〇〇件を超える記念祝典・行事が実施され、その上、民間の記念行事もかなりの数にのぼっている。

加えて、一九七〇年の日本万国博覧会、通称・大阪万博も、もともと明治百年記念事業であった。この万博開催を決めた、一九六四年八月の閣議決定文書には、次のような文章がある。

> 開催が予定されている一九七〇年は日本が近代化に歩み出してから一世紀にあたる。この間にわが国が進んだ道はきわめて長い。また独自のものであった。わが国が東洋的な伝統の上に立って築きあげてきた近代的な文化と産業というものを十分に示しうるような博覧会であるべきである[6]

また、ＢＩＥ（博覧会国際事務局）からの決定通知文書にも、「日本の近代化百年を祝い」という文言が見られる。[7]

「明治ブーム」や「紀元節復活」を経て、「明治百年」に向かう時空間とは、すなわち、アジアで初めてのオリンピックから万博へと至る「この百年間のすばらしい歩み」だと、佐藤栄作をはじめとした政治家たちは位置づけていた。それゆえに、「明治百年」という国家的イベントは、佐藤栄作の言葉を借りれば、「世界的な観点に立ってものを考え、発言した」「国家意識が強かった」「明治の先輩」の礼賛によって、「その国民的エネルギーを今後に発揚すること」を目的としている。

「一九六八年」と「明治百年」

一九六八年に「明治百年」という、きわめて日本的な、日本国内にしか通用しない時代区分を用いた国家的行事を実施しつつも、その二年後の一九七〇年には、日本万国博覧会という、きわめてグローバルな、あるいは、グローバルにアピールする舞台を準備する。

この同時並行的な、歴史意識の非対称性は、きわめて興味深い。

いっぽうで、「明治百年」という「元号」に基づいた線分によって、「明治から昭和に至るわが国百年の歴史」を祝おうと、時の総理大臣・佐藤栄作が述べる。大阪万博誘致の閣議決定時点では、まだ、佐藤栄作は総理の座に就いてはいないものの、その直後、一九六四年一一月から一九七二年までの長期間にわたって政権を維持し、そして、「日本が近代化に歩み出してから一世紀にあたる」一九七〇年の万博成功に向けた舵を取った姿は、周知の通りだ。一九六八年は、いっぽうでは、「明治百年」を、「ことし一番大きい政治的行事」として政府をあげて祝いながら、他方で同時に、「人類の進歩と調和」をテーマとした大阪万博へのカウントダウンも始まっていた。

素朴に考えれば、「明治百年」という「元号」に基づいたイベントは、「過去」を体現し、日本万国博覧会という世界的なイベントは、「未来」を具現している、というダイコトミーを描ける。「元号」は、ドメスティックな記号に過ぎず、逆に、「西暦」は、世界的に通用するのだ、という、第二章で参照したケネス・ルオフの議論（↓五八頁以下）をそのまま適用できる。「元号」の意味を強調すると、偏狭なナショナリストとなり、逆に、「西暦」に軍配を上げれば、国際的なモダニストになれる、というわけだ。

実際、大阪万博のテーマソングは、タイトルも「世界の国からこんにちは」であり、歌詞も次のようなものだ。

こんにちは　こんにちは　西のくにから

こんにちは　こんにちは　東のくにから
こんにちは　こんにちは　世界のひとが
こんにちは　こんにちは　さくらの国で
一九七〇年の　こんにちは[8]

「一九七〇年の　こんにちは」であって、「昭和四五年の　こんにちは」ではないし、「明治一〇二年の　こんにちは」でもない。

「昭和四五年」という記号は、「世界の国からこんにちは」というタイトルの歌には、そぐわない。「西のくに」や「東のくに」から「さくらの国」＝日本に来る「世界のひと」と「こんにちは」とあいさつするためには、「一九七〇年」というグローバルスタンダードの記号を用いなければならない。そんな含意が、この歌詞には込められている。だから、確かに一面では、「元号」は日本国内限定で、「西暦」は世界に通用する、という二項対立は、成立している。

ただ、一九六八年の「明治百年」と、一九七〇年の大阪万博の同時代性と、歴史意識の非対称性から読み取れる含意は、それだけにとどまらない。

ここから読み取るべき重要な要素は、「明治百年」という「元号」を基準にした日本国内限定の祝祭と、一九七〇年という「西暦」に基づいた世界的な博覧会を、同時に抱え、そしていささかもハレーションを起こさなかった、というその複数性であり、二重性なのである。

なぜ、このように言えるのか。なぜなら、そこには、さらなる同時代的な現象があるからだ。たとえば、一九六八年は、日本のGDPが、西ドイツ（当時）を抜いてアメリカ合衆国に次ぐ世界第二位に躍り出た年でもある。この年は、「戦後」における復興から高度経済成長に至る過程の、ひとつの頂点と位置づけられる年でもある。この、GDP世界第二位、という点でもまた、「西暦」の一九六八年は、日本にとって、グローバルな感覚を十二分に示している。

加えて、しばしば指摘されているように、一九六八年は、世界的に大きな変動の一年だった。フランス・パリにおける学生による叛乱や、ソビエト連邦軍によるチェコ・プラハの春の弾圧といった反体制運動の一年として記憶されている。また、アメリカ合衆国においては、民主党のロバート・ケネディ上院議員が大統領選挙の指名争いの渦中で暗殺され、大統領選挙自体は、ヴェトナム戦争からの「名誉ある撤退」を掲げた共和党のリチャード・ニクソンが当選を果たす、という波乱に富んだ展開となった。学生から東西両陣営の大国に至るまで、世界が激動の渦にあった一年であった。

そして、日本でも、こうした海外のニュースにリアルタイムで反応する形で、東京大学安田講堂の占拠に象徴されるように学生運動が高まりを見せたり、長崎港への原子力空母エンタープライズ号の寄港阻止運動が起きたり、あるいは、ヴェトナム反戦運動が広がったり、といった若者による反体制運動の一年として記憶されている。坪内祐三(9)や小野俊太郎(10)といった文化史家が注目するように、一九六八年一〇月二一日の国際反戦デーの深夜、東京・新宿駅に一五〇〇〇人以上の若者が集まり、駅構内を占拠した、「新宿騒乱事件」が起り、その翌々日一〇月二三日に東京・千代田区の日本武道館で「明治百年記念式典」がおこなわれている。日本における「一九六八年」とは、世界的な動きに触発された若者による反体制運動が活発化し、新しい時代をつくろうとするエネルギーに満ち満ちた年であった。それと同時に、この年には、「国民的エネルギーを今後に発揚すること」を明確な目的にした政府による「明治百年」に象徴される復古的な動きもまた、高まっていたのである。

この時空間において、若者たちは「戦後」という新しい表象を支持し、体制側の老人たちは「明治」という古い「元号」を持ち上げる。この対立は、「明治百年か戦後二〇年か」という問いに端的にあらわれている（↓二二三頁以下）。

一九六八年という「西暦」を用いて表される世界は激動の展開を見せ、日本国内でも、それに呼応した動きが見られる。と同時に、政府は、「明治百年」という「元号」に基づいた国家的行事を推進する。

表面的には、「元号」vs.「西暦」、あるいは、「明治」vs.「戦後」という形で捉えられる。そして、前者は過去を、後者は未来を象徴している、とも言える。

しかしながら、先述のように、「明治百年」は、二項対立の「どちらか」を選択した結果ではなかった。そうではなく、「明治」と「戦後」の両者を、あるいは、そうした複数の線分を混在させ、そして、「戦後」の原型を「明治」に見出していた。この複数性や二重性こそが、この「一九六八年」における歴史意識の非対称性が持つ含意にほかならない。

そして、こうした複数性や二重性を最も重視していたのが、「明治百年」の提唱者・桑原武夫や後継者・竹内好であった。本章が、桑原と竹内を中心に論じる理由は、まさに、ここにある。

次に見るのは、まず、桑原の議論が有している可能性についてである。

2、桑原武夫における「元号」

「国家的行事」としての「明治百年」を提案したのは、誰だったのだろうか。

もちろん、前節で確かめたように、政府のイニシアティブによって、「明治百年記念準備会議」が設置されているから、時の首相・佐藤栄作の言動を追跡すれば、「明治百年」に込められた意図を、より深く解析できるのかもしれない。

しかしながら、本書が着目する人物は、この「明治百年」を祝うことを最も早く提案した二人の知識人、桑原武夫と竹内好である。桑原は、おそらく「戦後」いちはやく「明治」の再評価を唱えており、これを引き継ぐ形で、竹内は、「明治維新百年祭」を提唱している。

「明治ブーム」あるいは、「明治百年記念行事」という形であらわれた現象ではなく、その根本にあった思想とは、いかなるものだったのかを、この二人を対象として確かめたい。

同時代における評価

桑原武夫（一九〇四—一九八八）は、日本における東洋史学の創始者のひとり・桑原隲蔵《じつぞう》（一八七〇—一九三一）を父に持ち、幼少時から京都学派に親しむ。京都大学人文科学研究所において今西錦司とともに共同研究の黄金時代を作ったほか、エッセイや評論も数多くものしたほか、各界の著名人らとも積極的に交流し、膨大な数の対談も残している。

いっぽうの竹内好（一九一〇—一九七七）は、長野県南佐久郡臼田村に生まれ、東京に移住の後、府立一中、大阪高等学校を経て、東京帝国大学支那学科に入学。魯迅の翻訳でも知られる。一九五七年ごろから、日米安全保障条約反対運動をすすめ、一九六〇年五月には強行採決に抗議して、当時の勤務先・東京都立大学を辞職する。その後は、在野の評論家・文学者として活躍した。

学問の側では、たとえば、歴史学者の荒井信一は、『歴史学研究』一九六七年一月号の中で、一九六〇年に竹内好が「維新百年祭」を提唱したこと、さらに、その提唱は、桑原武夫の影響によるものだった点を指摘している。(11) 加えてジャーナリズムの側でも、この竹内の提唱を引き継ぐ形で、雑誌『思想の科学』が一九六一年一一月号で特集「明治維新の再検討」を、また、

『中央公論』も一九六二年一月号で「明治維新の意味」と題した特集を、それぞれ掲載している。両誌の座談会には、当然のように桑原と竹内が顔を揃えている。

同時代的には、学問の世界でもジャーナリズムの領域でも、この二人が「明治百年」の提唱者であり、なおかつ、この問題を論じる代表例であると認識されている。

「昭和史論争」と「明治の再評価」の同時代性

本書第三章において、「昭和史論争」と「もはや「戦後」ではない」の同時代性に着目したが、そのまさに同じ年一九五六年の元旦、「明治」の再評価が行われていた。

その「明治の再評価」という文章を朝日新聞に書いたのが、ほかならぬ桑原武夫であり、「独立への意志と近代化への意欲」と副題を付したこの小論を、彼は、次のように書きはじめる。

明治以後の日本近代文学は、いくたの優美ないし哀切な作品を生んだけれども、なぜ西洋や中国（たとえば魯迅）におけるように、民族にとっての大きな問題を取り扱った社会性のある作品が出なかったのか。その理由を自由民権運動の挫折以後、軍国的絶対主義の圧力によって、作家が自由を失ってしまったからだと解するのが通説であり、私もそれを採用していたが、それに満足できなくなった次第は、昨年一月一日の「読書新聞」の松田道雄博士との対談で話した。[12]

だから、桑原は、「民衆が抑圧されてきた、という説明には納得ができない」と述べる。そして、「明治の精神に殉死する」と記された夏目漱石の小説『こゝろ』が、新聞小説として、読者に素直に受け入れられた点[13]をふまえて、「おくそく」を述べる。

もし革命前のロシアのように人民が悲惨で、インテリがすべて反政府的だったとしたら、日本の文学者もそうした読者に支えられて、きっと批判的な作品を書いただろうが日本の国民、つまり読者の大部分が明治に満足していたから、そういう作品が生まれなかったのだ、と、おくそくしてみたのである。[14]

抑圧と圧政に苦しみ、戦争に突入させられた惨めな国民、という一面的な見方に反旗を翻す。最後には、まだ戦争の記憶さめやらぬ中で、あえて、明治以後の日本の歴史を評価したい、と結ぶ。

明治以後の日本は、たしかに多くの欠点と矛盾をもっていたが、しかも明治の革命は巨視的にみて、ひとつの偉大な民族的達成であったと認めるのでなければ、私たちに希望はないのである。明治の人人の示した強固な独立への意志と大胆な近代化への意欲を、新しい進歩の立場から再評価することを今年への要請としたい(15)。

桑原がこの文章をしたためたのは一九五五年だ。この年は、のちに「五五年体制」(→八六頁以下)と呼ばれる保守と革新それぞれの合同がなされ、一二月には「経済自主独立五カ年計画」が、政府によって打ち出されている。さらには、翌年に結実するソ連との国交回復交渉が盛んに報道されるなど、敗戦直後を意味する概念としての「戦後」から、人々が新しい時代への息吹を感じ取りつつあった。

事実、桑原がこの小論を書いた直後、彼とほぼ同世代作家の中野好夫(一九〇三―一九八五)は、雑誌『文藝春秋』二月号に「もはや「戦後」ではない」とする論考を発表する。この論考、そして、このタイトルを借りた経済白書の意義については、本書第三章で見た通りだ(→一二六頁以下)。

さらに、実体経済の面から見ても、日本の歴史の始まりに位置する神武天皇から数えて初めての好景気を意味する「神武景気」に沸いていた。当時は、単なるゆるやかな好景気に過ぎなかったものの、このさらに翌年の一九五七年から、「神武以来」という表現が流行するほどの経済成長を遂げる。

単純に考えれば、「敗戦」というショックに打ちひしがれ、日本の歴史に誇りを持てなくなっていた人々が、過去に回帰する復古調に傾きはじめた、と言えるのかもしれない。

ただし、桑原が打ち出している「新しい進歩の立場」とは、過去を振り返る態度であり、それは単なる復古調ではない。「明治の革命は巨視的にみて、ひとつの偉大な民族的達成であったと認める」ことを、民衆を含めた日本を支えるものとして立ち上げようと桑原は試みる。そうでなければ、「私たちに希望はない」からだ。

夏目漱石の小説『こゝろ』が発表された当時の「日本の国民、つまり読者の大部分は明治に満足していた」以上、「自由民権運動の挫折以後、軍国的絶対主義の圧力によって、作家が自由を失ってしまった」とは解釈できない。逆に、満足していた理由を、「明治の人人の示した強固な独立への意志と大胆な近代化への意欲」に見出す再評価が、自分たちを「支えるもの」だと信じている。

「大正五十年」

だから、桑原にとって、再評価の対象は、「一八七〇年代」や「近代」という借り物の括りではなく、「明治」という日本語独自の記号でなければならなかった。こうした桑原の「元号」へのこだわりを示す文章（「大正五十年」）が、この七年後・一九六二年に書かれている。

前章で見た通り、「戦後」の相似形として「大正」を見出す作法が、一九六〇年代後半から一九七〇年代前半にかけて立ち上がっていた。その先鞭をつけたと言えるのが、桑原武夫による「大正五十年」という小論であった。

「昭和史論争」において「戦前」＝「昭和」という図式が掲げられ、「戦後」への実体視が現実味を帯びる。それゆえに、「もはや「戦後」ではない」とする経済白書の標語が、国民的な支持を集める。

それとともに、桑原武夫は、すでに「明治」の再評価を打ち出していたのであるが、その「明治」へと注目が集まるまでには、今しばらく待たなければならない。それよりも前に、桑原武夫が「大正五十年」、という形で、「大正」と「戦後」の相似形に焦点を当てていた姿勢にもまた、留意しなければならない。

桑原は、「明治の再評価」で打ち出した視点に加えて、次のように「大正史」を要望している。

近代日本が明治維新を起点とすることは疑いないにしても、現代は明治と直結してはいない。昭和と明治の間には大正があるのだ。満州事変も太平洋戦争も、そして戦後の私たちの生活も、みな大正という基盤の上に、それに規制されつつ生じたといわねばならない。その意味で、戦後史もさることながら、日本の歴史家諸君が早く「大正史」をつくって下さることを要望したい[16]。

「明治の再評価」を唱えた同じ人物が、わずか七年後には、「現代は明治と直結してはいない」と述べる。この姿勢を、一貫性の欠如としてあげつらうこともできるかもしれない。けれども、ここでは、「近代日本」というロングスパンで捉えたところに着目したい。「戦後史もさることながら」ということばは、当時、歴史学者の遠山茂樹らによって盛んに提唱されていた議論を受けている[17]（↓第三章）。「戦前」＝「昭和」として切り捨てた上で、同時代的な歴史を「戦後」史として作り上げようとする姿勢を、遠山茂樹たちは打ち出していた。ここに、桑原は、要望を付け加えている。

すなわち、桑原は、この「戦後史」を「近代日本」から切断するのではなく、ひとつづきの歴史として掴もうとしているのである。

桑原は続けて、「明治の人々」が「世界情勢をかなり的確にとらえていた」のに対して、「大正期の人々」が「外国の状況をリアリスチックに把握しえなくなった[18]」と述べ、あらためて「明治」を讃える。他方で、「お百姓がビールやサイダーをのみ出した」点を例に「文化のあらゆる分野において、今日のパターンは好悪は別として大よそ大正期に生まれた[19]」と評価し、「大正史」作成への要望をあらためて表明したところで、文章を結ぶ。

桑原の目には、あくまでも「大正史」という時代区分によってこそ、「大正という基盤」が浮かびあがる。一九五六年には「もはや「戦後」ではない」との標語が出され、「昭和史論争」が起きる（→第三章）。そうした状況に対して、「昭和と明治の間には大正がある」として、あえて、その「元号」に意味を付与させた。ここに、「明治の再評価」を唱えた精神との共通項を見出せる。

自分たちを支えている「もの」とは、明治以後、営々と積み上げてきた時間としての歴史であり、「元号」という日本語で表現される時空間にほかならない。「戦後」という人為的な区分よりも、「大正という基盤の上に」、先の戦争があり、その後の生活がある。

桑原武夫が、「明治の再評価」を唱え、その七年後に「大正五十年」という時間感覚を打ち出すその理由とは、彼が持つ複数の歴史意識にある。

自分たちの基底には、「明治」という単一の線分だけではなく、「大正」から計測できる、また別の線分が流れている。これが、桑原の歴史意識の重層性である。だから、映画『明治天皇と日露大戦争』についての別の文章でも、「復古性をなげくよりも、進歩的にして民族の誇りを高めうる映画の主題として何がありうるかを、私たちは本気で考えねばなるまい[20]」と説き、一面的な断罪を戒めている。

「明治百年」や「明治の再評価」とともに、「大正五十年」を打ち出すことによって、単線的ではない、すなわち、「復古性をなげくよりも、進歩的にして民族の誇りを高めうる」方向性を探っている。「明治の再評価」を唱えながらも、「昭和と明治の間には大正がある」と唱え、さらには、「元号」の廃止すら求める。こうした桑原の持つ歴史意識の複数性は、もうひとりの知識人＝竹内好に大きな影響を与える。

「明治の再評価」に端を発する「明治百年祭」の提唱だけではない。桑原の「明治の再評価」に影響を受けながら、他方で、復古調に反対するという苦しい立場を取らざるを得なかった中国文学者・竹内好。彼のことばを通じて、「昭和」＝「戦前」、あるいは、「大正」〜「戦後」だけではない、「明治」という「元号」が立ち上がる様子を見ていこう。

3、竹内好と「明治百年祭」

「明治百年祭」提唱

竹内は、桑原武夫による「明治の再評価」を受けて、「明治百年祭」を提唱する。竹内のことばを借りれば、「私の提唱はほとんど桑原説を祖述したに過ぎない[21]」。

以下で、その具体的な議論を見ていこう。

竹内は、「六〇年安保」の三カ月前の一九六〇年二月、『週刊読書人』に「「民族的なもの」と思想——六〇年代の課題と私の希望——」という短い文章を寄せている。

正月のジャーナリズムは「黄金の六〇年代」のにぎやかなかけ声で幕をあけた。宇宙時代と、東西の雪どけがたたえられた。このカンパニアのおかげで昭和の年号の影がうすくなったのは結構なことである。「昭和」が「皇紀」の後を追う日はいつか来るだろう。その予兆が見えたのはめでたい。

十年区切り[22]で未来をうらなう行事は、日本のジャーナリズムの歴史ではじめての例ではないかと思う。（中略）十年先がうらなえるというのは、よくもわるくも、現状が安定しているからだろう。[23]

そして、日本におけるナショナリズムをめぐる議論について概観する。つづけて、「『明治国家の歴史のなかには、現在の日中関係を正しいものにかえるような、思想的遺産というものがないのではないか」もしあれば示せ」という医師・松田道雄からの問い掛けへの回答を留保する。その上で、少し唐突とも思える形で、次のように提案する。

そこで私は一つの提案をしたい。一九六八年を目ざして、論壇が共通の課題を設定すること、その課題は、明治維新百年を祝うべきであるか祝うべきでないか、祝うとすればどういう形で祝うべきか、ということである。[24]

自身の希望としては、この明治維新百年祭を「黄金の六〇年代」の一代行事にすることによって、「日米修好百年祭の史的事実のあやまり、史的感覚のズレを是正」し、「紀元節への郷愁もこのカンパニアの中に融け込ませたい」と希望したのち、末尾で「この提案が受け入れられたと仮定した場合、カンパニアの推進がかりとして私は桑原武夫に一票を投ずる」[25]と結んでいる。

「昭和の年号の影がうすくなったのは結構なこと」と捉える竹内は、「元号」ではなく「西暦」での表記にこだわる。だから「黄金の六〇年代」や「一九六八年」と書かなければならない。にもかかわらず、「明治維新百年を祝うべきであるか祝うべきでないか」を論壇の共通の課題として提案する。

この提案翌年・一九六一年の秋、竹内が常連の執筆者のひとりだった雑誌『思想の科学』一一月号は、「明治維新の再検討」という特集を組んでいる。竹内は、そこに「明治維新百年祭・感想と提案」と題した文章を寄せ、「明治維新百年祭を祝うべきか祝うべきではないか」という自ら設定した課題に答えている。

「論壇に共通の思想課題を設定したかった」ことを提案の動機とした上で、「私の提唱はほとんど桑原説を祖述したに過ぎない」と竹内は弁明する。そして、「フランス革命後のナポレオン体制が、プロシアを経過して日本へ輸入され、明治国家を形成し、それがその後のAAナショナリズムのモデルになった、というのが桑原武夫の近代史観」だと定義し、これを「共通の討論の材料にすることから出発したらどうだろう[26]」と新たな提案をしている。

このように桑原を引き継いでいる竹内は、当初の驚きを振り返る。提案の元になった「明治の再評価」について、桑原と同席した座談会において、次のように述べる。

あれは元日の新聞に出たんですね。私にはかなりショックでした。「第二芸術論」などから考えて、桑原さんという人はそういうことを書かれまいと想像していたんですよ。ちょっと意外だったわけです[27]。

つまり、竹内にとって桑原は、「第二芸術論」のような文芸評論を専門とする学者であって、ナショナリズムについて論じる人物ではなかった。その意外性によってショックを受け、そして、自らは、次のような関心に基づいて、桑原の議論を敷衍したのだと述べる。

明治維新をいまなぜ取り上げるかというと、明治維新が終わっていないという前提がある。もう解決したというなら、歴史家に任せてわれわれはやる必要はないけれども、明治維新はつづいている、まだ結果が出ていない。そうすると、一回がつづいているわけだから、将来に有効性を期待することもできるのではないですか[28]

竹内好による、この言明には、二つの重要な示唆を含んでいる。

一点目は、「明治維新が終わっていないという前提」である。

この発言がなされた一九六二年、昭和三七年は、もちろん、「戦後」であり、「明治」も「大正」も終わっている。第三章で取り上げたように、「戦後」一〇年を過ぎ「昭和史」という歴史を総括する意識が生まれた。そして、前節で見たように、この年は、桑原武夫が、「大正五十年」というくぎりによって、同時代的に、「明治」でも「昭和」でもない「大正」の重要性を唱えた年でもあった。

そうした中で、竹内は、さらに昔の「明治維新」を取り上げて、しかも、それが「終わっていない」と述べる。そればかりか、それが「前提」だとまで言う。

なぜ、「終わっていないという前提がある」のかと言えば、それは、「まだ結果が出ていない」からだと、竹内は述べる。

では、ここで竹内の位置づける「明治維新」の「結果」とは、いったい何なのだろうか。

竹内における「明治」は、後述（→二二七頁以下）するとして、ここでは、この「結果」についてだけ触れておこう。それは、まさしく、「明治維新百年を祝うべきであるか祝うべきでないか、祝うとすればどういう形で祝うべきか」を「論壇に共通の思想課題を設定したかった」という竹内の言明にあらわれている。

つまり、竹内は、いまだに「明治維新」は続いているものであり、何らかの総括をできる時点にはない、とする立場をとっている。「結果」とは、たとえば、国家の破綻であったり、あるいは、どこか他の国の一部となったり、といった形の、明確な「終わり」を指すにちがいない。

もちろん、「敗戦」ないしは「終戦」もまた、「結果」と捉えられるにちがいない。が、しかし、竹内にとっては、「敗戦」や「終戦」でさえ、「結果」ではない。

言い換えれば、竹内にとっては、何が「結果」であるのかすら明白ではない。だからこそ、わざわざ「明治維新百年を祝うべきであるか祝うべきでないか」という初歩の時点から、「思想課題」に設定している。

この一点目は、次の二点目とも呼応する。

竹内は、先の引用において、桑原と同様、「もう解決したというなら、歴史家に任せてわれわれはやる必要はない」と述べている。自らを「歴史家ではない」と位置づけている。史実に基づいた論争に加わるよりも、評論家の立場をとっている。自分たちが、いまなお、明治維新の影響の下にいる、という点で、桑原武夫の見解を受け継いでいる。さらに、「元号」という日本語の時空間による拘束に自覚的でいる。

あくまでも「結果」は出ていない＝解決していないからこそ、歴史家に任せておくわけにはいかない。文学者である自分たちもまた、「将来に有効性を期待する」ために、この課題に取り組もうとする。

しかしながら、論壇は、あるいは、「社会」は、竹内の意図にストレートには反応してくれはしなかった。

雑誌『中央公論』は、竹内が参加した、この座談会を第一回とした「明治維新の再評価」と題する長期連載を掲載している。竹内の見通しとは裏腹に、二年間続いた連載に執筆した三〇人のうち、二八人が歴史学の研究者であり、わずかに評論家の河上徹太郎と小説家の南條範夫が加わったに過ぎない。「明治維新の再評価」は、あくまでも歴史家の論争として、すなわち、あたかも「もう解決した」といわんばかりの視点から論じられていたのである。(29)

「維新百年が勝つか、戦後二十年が勝つか」

こうして自らが火付け役となった論争の発展に、竹内は戸惑う。

「「明治ブーム」に思う」とのタイトルで、一九六五年五月、東京新聞に掲載された小さな論考にその戸惑いがあらわれている。この原稿は、論壇で起きていた「明治百年か戦後二十年か」という論争を受けて、東京新聞が竹内に依頼したものだ。

件の論争は、もともと当時ベストセラーになっていた評論家の山田宗睦(一九二五―)による保守系知識人批判書『危険な思想家　戦後民主主義を否定する人びと』に便乗したものだった。

山田は、同書の「まえがき」で次のような二項対立＝ダイコトミーを描いている。

> わたしは〝戦後〟にすべてを賭けている。この本は、戦後を擁護するとともに戦後を殺そうとするものたちを告発した書物である。（中略）三年後の一九六八年は、明治維新百周年にあたる。このチャンスをめざして、いろいろの戦後否定の声が一つに合わされようとしている。維新百年が勝つか、戦後二十年が勝つか。それはじつに日本の将来がかかっている。[30]

確かに桑原武夫は「明治の再評価」を唱え、そして、竹内好もまた「明治百年祭」を提唱したけれども、山田のように、二者択一を迫るものではなかった。ただし、その山田の言動は、おそらくは、多分にそのわかりやすさもあり、支持を集め、同書はベストセラーになる。この山田の著書と並行して、朝日新聞は、「明治百年と戦後二十年」と題して同年一九六五年四月五日から二二日まで断続的に八人の文化人に寄稿を求める。その冒頭には、次のような意図が書かれている。

> 日本の現代を、明治いらい百年の連続と見るか、あの敗戦によって再び書直された歴史の一時点とみるか、いわば戦後史の新しい意味づけをめぐってここ数年来、多くの人たちに

よる問題提起が行われている[31]

竹内は、こうした一連の動きに対して、東京新聞の紙面を借りて釈明する。「文壇にも論壇にも遠ざかっているので、はじめ発言する気はなかった」が、「自分の関係した部分は、釈明する必要があると感じた[32]」というのである。

そして、山田の挑発について「私はドキリとした。じつは「明治維新百年祭」ということを言い出した当事者の少なくともひとりは私だからである[33]」と振り返る。すなわち山田は自分を告発すべきだったにもかかわらず、そうしなかった。その理由を、「山田なりの計算があった」と推測してみせる。その計算とは、「失われつつある「戦後」を奪回すべく、（中略）ちかごろの明治ブームの風潮を敵に見立てることによって、新しい酒袋を用意した[34]」ものだとする。

山田宗睦は、あくまでも「戦後」を押し出すために、明治ブームを敵に見立てたに過ぎず、「明治維新百年祭」に竹内好が込めた真意を告発するには至らない。そうした山田の計算高さを指摘した上で、竹内は、「明治維新百年祭」を提唱した自らの意図を、ナショナリズムとの関連で、次のように明らかにしている。

私は、戦後わりに早くから「ナショナリズム」をいい出した人間だ。もっとも後になるほど「ナショナリズム」という規定のし方が気になって、「ネーションの形成」といういい方に変えるようになったが。

そういう私にとって、明治ナショナリズムの究明は欠かせない課題だ。私は次第に、明治ナショナリズムは「国家あってネーションなし」、つまりネーション形成失敗例と考えるようになった。したがって維新にさかのぼっての可能性の探求に目が向くようになったのは私にとって自然だった[35]。

ここで述べられているように、「明治ナショナリズム」は、「ネーション」という国民のまとまりを形成できなかった、失敗例である。が、他方で、明治「維新」には、可能性があり、その探求に自分は向かったのだ、と振り返る。「明治ナショナリズム」は、すでに「失敗」という「結果」が出ている。その理由は、「国家」が暴走し、「ネーション」を形作れなかったからだ。

ただ、反面において、「明治維新」には、まだ明白な「結果」は出ていない。それゆえに、「維新にさかのぼっての可能性の探求」をしなければならない。それゆえ、「歴史は書きかえられる、という考え方」に基づけば、「戦後」も「明治」も不確定であるから、「明治」によって専制と侵略を代表させ、「戦後」によって平和と民主主義を代表させる山田の規定のし方には賛成できない[36]」、と竹内は言う。

竹内自身が、「次第に、明治ナショナリズムは「国家あってネーションなし」、つまりネーション形成失敗例と考えるようになった」と振り返っている様子を、先に引用したように、ひとりの人間の中でも、「歴史は書きかえられる」。であればなおさら、「社会」のような集合においては、常に、「歴史は書きかえられる」。

この論理構造に基づく以上、山田宗睦のごとく、「戦後」＝平和と民主主義＝善、「明治」＝専制と侵略＝悪、とする単純な二分法に、竹内が賛成できないのは当然だ。二分法ではなく、常に「歴史は書きかえられる」という優柔不断さ、あるいは、二重性をゆらぎながら抱える。これが竹内の真意なのである。

竹内好の「明治」

竹内の文章に込められた意味にさらに内在するとき、事態はより明白になる。

「明治」をめぐって、竹内は結論を出していない。否、出せない。それは、竹内の言い方によれば、「論壇の共通課題の設定が目標」であり「歴史は書きかえられる」から、なのだ。しかし、「明治ナショナリズム」を「ネーション形成失敗例」と捉える立場からは、「昭和の影がうすくなったのは結構なこと」という評価と、「紀元節への郷愁もこのカンパニアに融け込ませたい」という結論が導かれる。

桑原武夫とは逆に、明治を否定的な形で振り返ろうとしながらも、あくまで「歴史は書きかえられる」というニュートラルな位置に身を置こうとする。欺瞞と断罪するのはあまりにも容易いが、ここにあるのは、「明治維新」を、現在の自分たちを規定するものとして捉えながら、その呪縛を相対化しようともがき苦悩するひとりの男の姿ではないか。

一九四八年に発表した「中国の近代と日本の近代[37]」は、その一六年後に雑誌『中央公論』が「戦後日本を創った代表論文」として取り上げるほど名高い文章である。しかし、その知名度にそぐわないほどの激しい調子で竹内は述べる。

すべては明治維新革命に規定された進歩の方向に問題がある。明治維新を成功させた日本文化の優秀さが問題だ。日本の指導者たちは優秀であった。かれらの進歩主義は強く、反動は相対的に弱かった。唯一の危機である明治十年を見事に乗り越すことによって、日本の進歩主義は、完全に反動の根を絶った。しかし、それといっしょに革命そのものの根も絶った。[38]

明治維新を「革命」と呼びながら、その進歩の方向に問題があると断じる。けれども、「絶たれた革命そのものの根」について、この論文では詳らかではない。しかし、雑誌『思想の科学』の執筆者を中心に行われた「共同研究　明治維新」において、竹内は、中国革命との比較において、次のように分析する。

孫文は、日本の官製学者によって矮小化された維新観にのってこの発言をしているのではない。むしろ純化され理想型として、現在形での維新を語っているのだ。そしてそれを語ることによって、維新の精神を没却した現代日本をひそかに憐れんでいるのである。

純化された維新精神とは何か。むろん、それは帝国主義の対極に立つものである。孫文によれば、帝国主義は本来ヨーロッパの属性である。一時は帝国主義の虜となろうとも、維新の精神が健在ならば、かならず復元作用が期待される。強権に対する公理が、中国革命の精神であると同時に明治維新の精神であるべきだ。(39)

権力に対して反動する動きこそが、革命の根であり、明治維新の精神だと強調する。だから、竹内は、明治時代の指導者たちを優秀だと認めつつ、手放しで評価するわけではない。「明治」初期の民衆が持っていながら、弾圧されてしまった反動の精神を、「明治百年」に際して再び持ち上げることを望んだ竹内の姿は、日米安保の強行採決に抗議して東京都立大学の職を辞した意志と、同一線上にある。他方で、「明治百年」に関して、自分たちの存在を拘束する精神として、決して逃れられないものだと捉えてもいるゆえに、桑原の「明治の再評価」にショックを受けながらも、その桑原説をそのまま祖述したに過ぎない、と自嘲するほどまでに、彼の考え方を受け入れている。

一方においては、反動の根を絶った明治の指導者だけではなく、維新の精神を没却した現代日本をも否定する。他方で、その否定されるべき歴史こそが、自分たちの基盤をつくりあげているとも考える。矛盾に引き裂かれないために、「歴史は書きかえられる」という構築主義的とも言える立場を選択することで、さらに苦悩する。

この苦悩する姿とは、すなわち、「明治百年」を否定的に回顧しようとしつつ、「歴史は書きかえられる」と主張する、その引き裂かれた姿である。否認すべき「明治維新」は、同時に、いまここにいる自分の基盤にほかならない。それゆえ、竹内は、その二つの矛盾する思考のあいだで苦悩する以外にない。この苦悩こそ、すなわち、太平洋戦争に二重性を見た竹内らしい苦悩なのである。

竹内は、アジアに対する侵略戦争であったと同時に、しかし、欧米からアジアを解放する戦争でもあったのだ、と太平洋戦争を捉えている。竹内における「明治」の評価は、この二重性と通底している。これこそ、竹内が「「明治ブーム」に思う」とのタイトルで寄せた小論にあらわれた苦悩にほかならない。

4、「戦後」の原型としての「明治」

本章での考察は、次のようにまとめられる。

本章冒頭で示したように、**本章における問いは、「明治百年」において、「明治」∪「戦後」という類型が、「戦後二〇年」との対称性において、なぜ、そして、どのように形づくられたのか**、というものであった。

この探求の中で、まず、「明治百年」が、どのような時空間であったのかを確かめた。それは、「明治」と「戦後」だけではなく、日本のＧＤＰが世界第二位に浮上した一九六八年や、大阪万博開催の一九七〇年といった、「西暦」によって、グローバルな感覚が呼び起こされている時空間でもあった。すなわち、「明治百年」は、「戦後二〇年」であると同時に、「西暦」という、また別の線分でも計測される、そうした複数性・二重性・多層性を有した時空間であった。

さらに、「明治百年」を提唱した桑原武夫と竹内好は、ともに、「戦後二〇年」との二者択一を迫ってはいない。それどころか、桑原における「明治」は「大正」という、もうひとつのさらに別の線分とも並行しており、「大正五十年」という別のくぎり、まとまりとともに、「明治百年」を打ち出したところに特徴がある。

それゆえ、桑原の問題意識を引き継いだ竹内好は、「維新百年が勝つか、戦後二十年が勝つか」という山田宗睦の表現に戸惑うほかない。竹内にとっての「明治」とは、自らを規定するものでありながらも、しかし同時に、アジアへの侵略というマイナスの側面を持つものである、その二重性との格闘を象徴する記号にほかならないからである。

つまり、**「明治」と「戦後」の対称性は、「西暦」や「大正」という、さらにまた別の線分との比較において、そして、それぞれの複数性や二重性において形成された**ものなのである。

事実、一九六五年前後に論壇を中心にして起きた「明治百年か戦後二〇年か」、という形での論争で浮上した「明治百年」は、政府主導の国家的イベントになった。

本章で見たように、大阪万博の開催要望書には、「一九七〇年は日本が近代化に歩み出してから一世紀にあたる」と記されている。外国向けには、一九七〇年を起点に「一世紀」という「西暦」ベースの時間スパンを用いて、「明治百年」を数えている。加えて、国内的には、当時、大きな影響力を持っていたマルクス主義系の歴史学者たちが、「明治百年」に対して、強く反対している。「明治百年」は、国内外において、決して強固な基盤を持っていたわけではない。それどころか、その起点も揺れ、対外的には一九七〇年の万国博覧会を起点としているほど、安定していない。

さらに、「明治百年」を祝おうとする一九六八年は、若者による反体制運動が、世界同時多発的に見られ、日本国内においても学生運動やヴェトナム反戦運動は高まりを見せている。若者たちの大きなエネルギーの高まりとともに、「明治百年」を迎えようとしている。「明治百年」は、本来なら、こうしたゆらぎや、多様なエネルギーの渦のなかでもまれている動きとして、歴史への複眼性においてとらわれなければならない。

にもかかわらず、「明治百年」を推進する政府の側も、また、「戦後二〇年」を掲げて反対する知識人たちの側も、ともに、単一の歴史意識、いわば、Ｔｈｅ歴史意識、と呼ぶべきものしか持ち得ていない。

「明治百年」に大騒ぎする政府は、日本の長い伝統を言挙げし、今こそ「明治」という「元号」を言挙げしなければならないとの使命感に燃えている。これとは反対に、「戦後二〇年」を「明治百年」に勝たせようとする勢力は、「創られた伝統」だと批判し、「明治」という「元号」を一面的に否定・断罪する。

しかしながら、「明治の再評価」を最初に提唱した桑原武夫の意図は、政府のように「明治の先人の偉大さを顧みて」言祝ぐ点ではない。そうではなく、「大正五十年」とも並行させる複数の歴史意識を打ち出す点にあった。

その桑原の影響下で「明治百年祭」を唱えた竹内は、自らのことばが火付け役となった「明治百年か戦後二〇年か」という論争の発展に、戸惑う。なぜなら、竹内の意図は、「明治百年か戦後二〇年か」、その二者択一にあるのではなく、どちらをも選べない二重性にあったからだ。そして、桑原の示した複数性、竹内の苦しんだ二重性は、「戦後」の原型として「明治」を想起させるロジックにおいて、大きな役割を果たしている。

なぜなら、竹内の苦悩した歴史意識の二重性もまた、彼の占有物ではないからだ。「明治百年か戦後二〇年か」という二者択一の議論に興じていたのは、山田宗睦をはじめとする一部の知識人だけに過ぎないからだ。時に「明治百年」という国家的行事を祝い、また別の時には「戦後二〇年」という線分で、あの戦争を振り返り、さらにまた別のある時には、「西暦」の一九六八年や一九七〇年を用いて、グローバルな感覚を確かめる。こうした複数の線分の混在においてこそ、「戦後」の原型を「明治」に求める歴史意識が醸成されている。

時には「西暦」によって、「一九七〇年の　こんにちは」と大阪万博の成功を祈り、あるいは同時に「元号」によって、「明治百年」を祝う。歴史を示す複数のインデックスが混在する基盤にこそ、「戦後」という一直線のものさしがあり、そして、さらにはその原型を「明治」に求める歴史意識がある。

では、なぜ、こうした歴史意識が醸成されたのか。その理由は、多分に世代論的な機制に基づいている。

「戦後」の焼け野原からの復興に際して、「開国」や「富国強兵」や「殖産興業」といった「明治」の黎明期を思い出すのは、その当事者たちが、いずれも「明治」生まれだからだ。「戦後」の復興を担う、指導的役割を担った世代は、自らの幼少期の記憶にある「明治」の輝きを、「戦後」に重ね合わせようと試みたからである。焼け野原を前にして、その原体験＝「明治」へと回帰し、そこに「戦後」のプロトタイプを見ようとしたからである。

事実、木下直之が指摘しているように、一九四六年＝昭和二一年元旦に発表された、いわゆる天皇の「人間宣言」が、明治天皇による「五箇条の御誓文」の引用から始まっているところにも明らかだ(40)。

また、「明治百年」を国家的プロジェクトとして推進した、時の首相・佐藤栄作もまた、明治三四年生まれだからである。そして、佐藤が、「私は沖縄の祖国復帰が実現しない限り、わが国にとって「戦後」が終わっていないことをよく承知しております(41)」と述べたことは、よく知られている。

「明治」生まれの佐藤にとって、「明治」は「偉大」なものである様子は、本章で確かめた通りだ。ただし、その佐藤は同時に、「戦後」の復興にあたって、沖縄復帰という命題を果たさなければ、それは「終わっていない」のだとまで言う。「明治百年」を言祝ぐと同時に、「戦後」の「終わり」を見据える。「明治」と「戦後」の復興を重ね合わせているからこそ、両方のインデックスを使い分ける。こうした歴史意識が、ここに見られる。

そして、この使い分けは、「明治は遠くなりにけり」と詠んだ中村草田男には見られなかったものであり、「戦後」というインデックスを使い果たしたその果てにいる二〇一七年現在においては、「明治一五〇年」を何の衒いも迷いもなく「大変重要なこと」として持ち上げることのできる源泉となっている。もはや「明治一五〇年」をめぐって「戦後七〇年」や「戦後八〇年」、あるいは、「昭和百年」との間で、どれを選ぶのか、という論争が巻き起こる余地はない。

そうした現在地から、「明治百年」を見るとそこには、「戦後」の原型を「明治」に見る歴史意識がある。その歴史意識は、「大正五十年」、あるいは、「昭和四三年」、そして、一九六八年という複数の線分によって、あるいは、どちらも選べないという二重性への苦しみによって支えられている。この苦しみを失い、論争が巻き起こらない現在において、「元号」による歴史意識は崩壊したのだろうか。それとも、「元号」のフィクション性があらわになり打ち捨てられたのだろうか。

その問いに答えることによって、次章において、本書の意義をまとめなければならない。その意義とは、すなわち、こうした歴史意識の重層性が、いかにして「戦後」というインデックスを形成し、維持してきたのか、という問いを解明することにほかならない。

第六章
近代日本の歴史意識の解明に向けて
――「戦後」という時代の区切りかた

「元号」による時代区分は、「戦後」に規定されているのではないか。素朴に言えば、それが本書を貫く仮説であり、問いであった。そして、その両者ともに、まずもって便宜的な区分であり、であるがゆえに、後付け的に、歴史意識が作られるのではないか、と問いを掲げた。

もう少し社会学的に言えば、本書の問いは、「元号」の歴史社会学、とりわけ「意味論＝Semantik」による、「戦後」における歴史意識の変容を解き明かすことである。そして、この問いを社会学的に解くことによって、「戦後」の歴史意識の三類型だけではなく、「近代日本」全体の歴史意識の解明へと接続すること。これを、本書の認識利得であると位置づけてきた。

そして、具体的には、「戦後」と対比する「昭和」、「戦後」の相似形としての「大正」、「戦後」の起源としての「明治」という三つの類型、図式的に記せば、「昭和」vs.「戦後」、「大正」≒「戦後」、「明治」∪「戦後」とあらわせるものが、なぜ、そして、いかにして生じたのか、について論じてきた。こうした検証を通して、この三つの類型を、次のようにまとめ直すことができる。

まず、第三章においては、「昭和史論争」が、一九五六年に起きた同時代性から議論を起こした。そこでの**「昭和」vs.「戦後」という構図**は、『昭和史』に由来しており、その著者たちは、自らの議論を補強するために、「科学性」を強く押し出している様を確かめた。さらに、同時期に流行した「もはや「戦後」ではない」とのフレーズもまた、「戦後」を切り捨てようとする点で、『昭和史』の流行と共通していた。すなわち、この構図は、**「昭和」＝「戦後」**と変換できるのである。

続く第四章においては、「大正デモクラシー」の定義を手始めに、探究を進めた。そして、その提唱者・信夫清三郎が否定的な意味を込めていたにもかかわらず、「戦後民主主義」の相似系とみなされる理由について、どちらも内実がないからだと述べた。その内実の空虚さにおいて、**「大正」S「戦後」という類型**が成立する。なぜなら、論者が思い思いの類似性をみつけられるからである。そして、こうした内実の空虚さ、箱としての使い勝手の良さは、時代区分論の特徴そのものだとする点（→第二章）を確かめた。

最後の第五章において、「明治百年」の起源となった**「明治」∪「戦後」の理由**として、その歴史意識の複数性・重層性・並行性を挙げた。「明治百年」か「戦後二〇年」か、という二者択一の問いが当時盛んに論じられたけれども、しかし、同時期には、「大正五十年」や、あるいは、西暦の「一九六八年」や「七〇年万博」といった別の線分が並立していた。この並立性ゆえに、「戦後」の原型を「明治」に見る立場が成立していた。なぜなら、並び立ついくつもの線分の中で、自分たちの原点を見つける際に、その当時の復興を担っていた世代こそ「明治」生まれだったからである。彼らが、自分たちの原点を見つけるにあたって、「戦後」と「明治」を重ね合わせたという、多分に世代論的な要素によるものだからである。

すなわち、前章末尾で述べた、歴史意識の重層性が、いかに「戦後」というインデックスを維持してきたのか、という問いへの答えを述べれば、それは、この世代論的な要素にほかならない。

その世代論的な要素とは、これまでの議論で見てきた、一九四五年＝昭和二〇年というゼロ地点からの積み重ねとしての「戦後」という時代区分である。リセットされ、新しいものが積み重ねられてきた、というその要素は、しかし同時に、世代ごとに大きく異なるために、歴史意識の重層性を形づくってきたのである。

これに対して、「元号」は、先述のように少なくとも三つの類型＝機能を果たしている。そして、この三点は、「戦後」のある一時期に見られた過渡的な現象ではなく、現在もなお、日本語で歴史を考える際にも働いているものの、そこには、若干の変動が見られる。

もちろん、今でも、「明治維新」は、「近代日本の始まり」として屹立し、「明治一五〇年」を祝おうとする政府の動きがある。あるいは、また、「大正デモクラシー」についても教科書への記載をはじめとして、既存の権威にすらなっている。そして、「昭和臭い」や「昭和な感じ」といった表現も十二分に市民権を得ている。

とはいえ、「明治一五〇年」に際しては、「明治百年」ほどの盛り上がりは見られず、「大正デモクラシー」をめぐっては、その有効性について疑義が示されて久しく、そして、「昭和史」という括りは、「昭和」＝「戦前」を意味しているわけではない。

このように、本書が示した三類型は、時代とともに変容してきており、その変容は、とりもなおさず「戦後」という時代の括りかたの有効性に関わっている。

第一章で確かめたように、「元号」と結びつく表象は、百科全書的にある。星の数ほどある。「元号」と、企業名（明治製菓、大正製薬など）や大学名（明治大学、昭和大学など）との結合に絞ってみたとしても、そこには、ある種の歴史意識を抽出できる。が、筆者が試みたのは、あくまでも「戦後」との対応関係において浮上してくる「元号」がどのような機能を果たしているのか、という点であった。

そして、柄谷行人や大澤真幸、あるいは、「昭和ブーム」をめぐる論者たちがオミットしていた問い、すなわち、なぜ、「元号」を用いれば、「リアリティ」や、「一つの時代についてのイメージ」、あるいは、「ある種の共同主観的な意味」を持つことができるのか。あるいは、「昭和ブーム」のような形で明確な像を結ぶことができるのか、その理由についても、これまでの考察から答えを導き出せる。次のように、大澤たちの問いに答えることができる。

その理由とは、これまで解き明かしてきたように、「明治」「大正」「昭和」といった「元号」が、いずれも「戦後」との相互依存関係によって立ち上がり、そして、それらがいずれもフラットな記号ではなく、それぞれの歴史意識を持っていたからである。別言すれば、「元号」を用いることによる「リアリティ」は、「戦後」という現在の私たちを強く拘束する視座によって立ち上がるからである。柄谷や大澤たちは、この「戦後」というインデックスと、「元号」との相補的な関係へ視線を向けられなかったがゆえに、オミットしてきたのである。

しかしながら、本書もまた、すでにこれまでの論述によって明らかなように、この「戦後」

という視座に拘束されているのであり、その拘束から逃れられない地点を、できるかぎり相対化しようと試みている。

であればこそ、冒頭で述べたように、本書は、「元号」をめぐる知識社会学であると同時に、おそらくは、それ以上に、「戦後社会論」として、「戦後」という視座の上に、「元号」を論じているのである。

かかる点を確認した上で、本書における考察が、最終的に何を明らかにするのかについて、本章でさらに敷衍しなければならない。本章のタイトルに掲げたように、「近代日本の歴史意識」の解明に向けた青写真を描かねばならない。その青写真とはすなわち、「戦後」という拘束力の強さを分析できること、それ自体が、裏を返せば「戦後」のリアリティーが減衰し、そして、説明力を失いつつある証左にほかならない。

そこで、以下では、「近代」「日本」「歴史意識」の三つのパートに分けて、これまでの論述を振り返りながら、本書の価値と、今後の課題についてまとめていこう。

1、「近代」

「近代」／「脱近代」

すでに「ポストモダン」という流行語が死語となって久しい。いや、もはや、「「ポストモダン」が流行語であった」、という言明すら死語と言えるほどに、その流行は遠い昔の話になったかのようだ。

既に触れたように、いまや「昭和」＝「戦前」ではなく、「昭和」は、「平成」よりも前、すなわち、「戦後」も「戦前」もすべて一緒くたにした「古くささ」をあらわす比喩表現となり果てている以上、「ポストモダン」もまた「昭和くさい」、あるいは「昭和な感じ」のする流行語として、時折振り返られる程度の存在感しか持ち得ていない。

この点で、「平成」の現時点においては、「明治」「大正」「昭和」という「元号」は、いずれもフラットに横並びする記号としての意味合いしか持ち得ていない。そして、このようにフラットに見えてしまうことそれ自身が、「平成」そのもののフラットさと共振し、相互依存的な関係性にあると言えよう。

ただし、日本語圏だけではなく、英語圏においても、あるいは、フランス語圏においても、さらには、アラビア語圏（イスラム）においても、「近代」と、それに類する表現の「先」や

「後」、または、「終わり」を意味する時代区分は登場していない。「古代」「中世」「近代」の「後」は、せいぜい「ポストモダン」という、「近代」を基準にした時間軸で計るのが関の山だ。

とすれば、フランシス・フクヤマの述べたように、「歴史の終わり」は確実にきており、すでに、自由主義＝資本主義＝民主主義陣営＝西側陣営の勝利によって、無時間的な、のっぺりとした時空間で、私たちは、ただひたすら漂っているだけなのだろうか。アメリカ合衆国をその頂点とする西側諸国の勝利は、イデオロギー闘争に終わりを告げ、もはや、歴史は動きを止めたのだろうか。

もちろん、そうではない。

フランシス・フクヤマの「歴史の終わり?」論文が刊行された一九八九年夏以降、俗に「九・一一」と呼ばれるアメリカ合衆国本土へのテロ攻撃から、その直後の、イラク戦争、さらには、西ヨーロッパ各国で頻発する市街地でのテロ。さらには、中東諸国における「アラブの春」と、シリア内戦とそれに伴うヨーロッパへの移民問題。こうした多くの「問題」は、フクヤマの議論を忘れさせるには十分すぎる。

サミュエル・ハンチントンの「文明の衝突」を取り上げても同様だ。こうした明快な図式の頻発こそ、「近代」の「近代性」ともいうべき自己言及的な性格にほかならない。「近代」とは、自らを「近代」だと意識する時代のことだ、と言えば、あまりにも自家撞着に聞こえるかもしれない。が、しかし、「中世」を生きる人びとが、その「中世的」なキャラクター、ないしは、

「中世性」を問おうとした形跡は、おそらく、ない。

「脱近代」や「超近代」あるいは、「ポストモダン」が喧伝されることそれ自体が、まぎれもなく「近代」である証拠なのだ。自己意識の強い時代＝自らが「近代」に生きるという歴史意識を持つ時代区分こそ「近代」にほかならない。かかる言明は、循環論ではない。

「近代」としての「戦後」

では、事態は、日本語圏においても、「本当に」同じなのだろうか。「近代」という時代区分を用いて、たとえば、「中世」との区別を、「近世」との差異を、「古代」との距離を、日本語圏においても計っているのだろうか。そして、「ポストモダン」なる流行語が、「現代思想」や「思想」あるいは、社会科学の用語ではない、場面で問われているだろうか。

　もちろん、そうではない。

　ここまで確かめてきたように、「近代」における日本語圏の時代区分は、「元号」、それも、「戦後」との対応において機能している。本書は、「戦後」という時代区分を安定的で固定的で、決定的な断絶として不問に付すのではなく、「元号」との対応関係において、どのような「戦後」が浮上してきたのかについて問うてきた。

　「もはや「戦後」ではない」との名文句が世に広まった一九五六年に、岩波新書『昭和史』

をきっかけとして起きた「昭和史論争」で、文学者の亀井勝一郎は、歴史学者に対して「もっと実証的になってほしい」として「人間性についての実証力」を求めている。しかしながら、『昭和史』の著者の一人・遠山茂樹は、「昭和」という「一つの国民的イメージ」なるものを「歴史学の科学性」の寄ってたつところだと強弁していた。亀井が要求していたのは、「歴史学者らしい科学的な、人間性についての実証力」であったにもかかわらず、「もはや「戦後」ではない」と喧伝される風潮に棹さすように、歴史学者の遠山が持ち出したのが「昭和」の不徹底な「科学性」であった。

あるいは、「大正デモクラシー」という政治体制との結びつきを展開した信夫清三郎は、そこに限りない否定性を込めていた。マルクス主義的な民衆史観に基づけば、「大正デモクラシー」とは、結局は、「大正ブルジョワジー」による絶対主義的な権力闘争における民衆の利用に過ぎない、と、信夫は見ていた。しかし後年、「大正デモクラシー」は、「戦後民主主義」が危機に瀕した際、その希望の源泉として取り上げられるに至る。提唱者・信夫の意図とは正反対に、「大正デモクラシー」にポジティブな意味合いを持たせることが可能であった。

かかる「昭和」と「戦後」、そして、「大正」と「戦後」の関係は、「明治」にも当てはまる。「「戦後二〇年」か「明治百年」か」という、山田宗睦の問いは、二者択一を迫るがゆえに、「The歴史意識」とでも言うべき、絶対的なインデックスを「戦後」に込めようとしていた。ためには、「明治百年」を提唱した桑原武夫と竹内好から正反対にズレていた。桑原は、「明治百年」を「大正五十年」とも重ねあわせ、竹内は、「明治百年」に太平洋戦争と同様の、アジアと西欧に対する二重性を見ており、ともに、複数の歴史意識を見出していたからだ。

「昭和史論争」が「もはや「戦後」ではない」同じ年に広まり、「大正デモクラシー」が「戦後民主主義」との類似性において語られ、「明治百年」が「戦後二〇年」との対比において語られる。こういった論争を、本書では、「元号」と「戦後」が時代区分の両輪として機能する代表的かつ典型的な事例として取り上げてきた。

「昭和」という「元号」は、「人間性」を重視する文学者においてすら「非学問的」に思われるにもかかわらず、「科学性」を標榜する歴史学者の方が、「もはや「戦後」ではない」一九五六年に、その「科学性」を持ち上げる融通無下な対象である。あるいは、「大正」という「元号」は、もともと、天皇制と結びついたネガティブな政治体制を示しているにもかかわらず、「戦後民主主義」との関係において、ポジティブな色合いを帯びている。さらには、「明治」という「元号」は、「戦後」との対比によって、「大正」をも含めた複数の歴史意識の源泉となっていた。

裏を返せば、「戦後」という時代区分は、こうして「元号」のさまざまな機能を、逆方向に指し示してしまうほどに強く絶対的なインデックスとして屹立し、君臨してきたのである。この点で、社会科学の用語における「近代」と同様の効果を、日本語圏における「戦後」は有しているのである。

通していのるか。

post-modern/post-war、そして／あるいは、一八六八年／一九四五年

「近代」と「戦後」が果たす機能の同一性とは何か。その二つは、どのような点において共通しているのか。

それは、渦中にありながら、常に「終わり」が意識される点においてである。「近代」は、その渦中にあるという認識に基づき、そして、「ポストモダン」や「超近代」「後近代」のような形で、「終わり」が取りざたされる。これと同様に、「戦後」も、その渦中にあるとの認識を基盤としている。だから、「近代」との対比において「ポストモダン」が浮上するのに対して、「戦後」との対比において浮き上がるのは、「元号」であると、筆者は、ここまで議論してきたし、また、「西暦」とも対照させて論じてきた。

「近代」も「戦後」も、その「終わり」や「前」、あるいは「後」を呼び込む点で共通している。「戦前」、という言い方は、あくまでも、「戦後」や「戦中」との対比によって可能になるのであり、「戦争」が「終わった」という認識がなければ、浮上してこない。「戦前」の人は、あるいは、「戦中」の人は、当たり前だが「ポスト戦前」、「ポスト戦中」とは言わない。

「近代」の「近代性」が、「われわれは渦中にいる」あるいは、「終わりつつある」といった形での自己意識・自意識の強さにおいて如実にあらわれる。とすれば、「戦後」の「戦後性」もまた同じく、「もはや「戦後」ではない」あるいは、「戦後民主主義」といった形で、ことあ

るごとに、その「終わり」や「渦中」にいるという自己意識を確かめる点において象徴される。「近代」を生きるわれわれが、その「近代性」の枠組みから抜けられないのと同様に、「戦後」を生きる限り、その軛にとらわれ続ける。(1)

「戦後」が、一九四五年＝昭和二〇年というゼロ地点からの積み上げとして強固な時代区分のインデックスとなっていたのと同様、「明治」もまた、すなわち、「明治維新」の初年としての明治元年もまた、日本「近代」のゼロ地点となっていた。

過去とは連続しておらず、強く断絶しているのだ、とする歴史意識の方が支配的となり、そこに「明治」という「元号」が被せられたがゆえに、その機能は、より効果的になっていた。本書で確かめたように、「江戸時代」は、あくまでも江戸幕府による政治支配体制の時代であることを表している。これに対して、「明治時代」は、「明治政府」なるものではなく、王政復古以後の天皇による政治支配を表している。にもかかわらず、あるいは、だからこそ、「江戸時代」と「明治時代」は、大きく異なっている。

江戸期より前の時代区分は、政治体制を基盤にしていたのに対して、「明治」以後は、「一世一元」もあいまって、政治体制の変化「ではなく」、天皇の在位期間によって時代を区分している。この変化もまた、「明治」初年に行われたために、より一層、ゼロ地点としての性格が強調されている。

さらには、この「明治」のインパクトが強すぎるだけに、より一層、反発も大きい。「江戸」

と「明治」の連続を唱える議論が、あたかも論争的であるかのように、価値紊乱であるかのように思い込まれ、そして、「江戸」に「明治」の源泉を発見する議論も後を絶たない[2]。「戦後」については言うまでもない。山之内靖による「総力戦体制論」をはじめとして、「戦後」と「戦前」は連続しているのだ、とするテーゼを、あたかも新発見・大発見かのように言い募る論客は枚挙にいとまがない。

しかしながら、あらためて指摘するまでもなく、歴史は連続しているのであり、ある日ある時から、急に別世界が展開するわけではない。しかも、日本においては、旧体制を全否定する革命が起きたこともなければ、「戦後」の一時期を除いて、どこかの国に占領された経験もない。日本という国の同一性は、あるポイントにおいて、すなわち、国号として、さらには、「元号」という天皇と結びついたインデックスを保ってきた限りにおいて、保証されてきたのであり、現在もなお保証されているのである。

それゆえに、一九四五年で「戦後」が始まった、という言明も、一八六八年から「近代」が始まったという言明も、かなりの部分、恣意的なのである。

けれども、これまでに見たように、「時代区分論」や、「大正デモクラシー」といった枠組みは、その内実から帰納的に名づけられたのではなく、逆に、演繹的に、枠組みありきの議論だからこそ、一般に流布し、命脈を保ってきたのであった。

「戦後」と「近代」もまた、その恣意性と、根拠の薄弱さゆえに、逆に、受け取る側の人々が、どのような意味をも付与できる融通無下な箱として重宝してきたのであって、そのために、恣意的であるがゆえに、生き延びてきた。「戦後」や「近代」は、神話と呼ぶにもはばかられるような、いかなる疑いをも挟ませないような絶対的なインデックスとして君臨してきた。

本書では、「戦後」という時代区分の拘束力が、「元号」と循環的に強まっていく様子を観察した。「昭和」「大正」「明治」をひとつの時代のまとまりとして捉える視角が、「戦後」との対応関係において、時代区分のインデックスとして機能する、その様子を観察してきた。

確かに、「戦後」に比べれば、「近代」という区切りは、人口に膾炙しているとは言い難いし、かなりの程度まで学問の世界に限られている。が、限られているがゆえに、元号や戦後といったカッコをふさない表記、すなわち、通俗的なイメージと同様に、日本における「近代」という区切りは、根拠もなく、一八六八年から始まったと思われて、ほとんど問われることがなかった。

たとえ、その一九四五年と一八六八年という二つの準拠点も、もはや、全くの自明というわけではないとしても、[3] あるいは、自明というわけではないがゆえに、語りのレベルでの「戦後」は、強い拘束力を持ってきた。

加えて、「近代日本」における何らかの事象を観察しようと試みれば、自動的に、天皇を呼び出さざるをえない。そして、天皇の可死的肉体を起点として測られる「元号」もまた、呼び出さざるをえない。

「明治」の精神と言えば、そこに「明治天皇」を見出し、「大正」の存在感の薄さを、すなわち「大正天皇」と同一視する。「昭和」の激動は、「昭和天皇」という「君主」と「象徴」の二つの身体を生きたその人とイコールで結ばれる。

もちろん、『昭和史』の著者たちも注意していたように、この時代区分は、多分に恣意的なものである。天皇個人の生命の長さと、現実の歴史との重なりは、偶然でしかない。「一世一元」を定めたために、たまたま、それぞれの「時代」と天皇の在位期間が一致したにすぎないのであって、天皇が為政者として、政治的な権力をふるっていたわけではない。

こうした恣意性ゆえに、つまり、その箱としての融通無下さゆえに、論者によって、思い思いの意味づけができる議論こそ、時代区分論であった（↓第二章）。

すると、こうした議論、つまり、一九四五年で「戦後」が始まった、という言明も、一八六八年から「近代」が始まったという言明も、かなりの部分、恣意的であるにもかかわらず延命してきたことは、逆に、全く不思議ではないのである。

つまり、恣意的であるにもかかわらず、「近代」や「戦後」というインデックスは生き延びてきたのではない。そうではなく、恣意的であるがゆえにこそ、日本という国号と元号という指標が営々と、日本という国の同一性を担保してきたこの国においては、その同一性を生ぬるく乱す突発的なイベントとして、大騒ぎされてきたのである。[4] だからこそ、一八六八年や一九四五年は何度も繰り返しゼロ地点として語り継がれてきたのである。

近代社会の自己観察としての社会学

このように議論を総括する以上、本章こそ、まぎれもなく社会学にほかならない。なぜなら、社会学とは、近代社会の自己観察として、その社会の成立＝自己認識とともに、相互依存的に成立した学問だからである。「近代」は、その自己意識の強さによって特徴づけられるとすれば、社会学もまた、その内部観察としての自意識の強烈さによってふちどられているからである。

歴史学のように資料を扱ってその客観的な実証を行うのではなく、あるいは、政治学や経済学といった他の社会科学のように、あるオブジェクトを「政治」や「経済」の一部であると定義した上で、その観察を行うのでもない。常に分析対象と方法が連動する形で、考察をすすめることこそ、社会学の本義である。

その社会学の現状、とりわけ、日本語圏における社会学の現状について筆者は、すでに、別稿で論じた(5)ので、ここでは繰り返さない。

ただ、「マルチ・パラダイム」状況のさなかにあって、そのアイデンティティが揺らいでいる点については、確かめておかねばなるまい。「社会学は近代社会の自己観察です」、と開き直れない場所に、社会学が置かれている点は、確認しておかなければなるまい。「社会学」の外縁が曖昧になっている今、「元号」という対象を、「戦後」との対比において社会学的に観察しました、というだけでは、make sense しないのである。

では、何をすれば社会学になるのだろうか？

この疑問に答えるためには、次のパート「日本」を見なければならない。

2、「日本」

「創られた伝統」としての「近代日本」の「元号」

ベネディクト・アンダーソンの『想像の共同体』[6]をはじめとして、アーネスト・ゲルナー[7]やエリック・ホブズボーム[8]、アントニー・D・スミス[9]に代表されるように、近代の形成期とは、国民国家の成立である、とする議論は、日本語圏でも絶大な支持を得てきた。

とりわけ、国民国家の成立と、「近代」の輸入という二つの課題が、同時期に、しかも重なって押し寄せてきた「日本」は、後発近代化社会であった。ために、この二つの課題が、しばしば同一視されたり、同じ課題のバリエーションだと混同されたり、といった場合も少なくない。

代表的には酒井直樹の研究をあげられるだろうが、彼の場合は、あくまでもアメリカ合衆国の日本研究という磁場からも、さらには、日本語圏のアカデミズムからも、そのどちらからもマージナルな立ち位置にある独自の議論を組み立てている。

酒井よりももっと通俗的な形で流通しているのは、たとえば、イ・ヨンスク『国語という思想』[10]のように、「近代日本」における国民国家創出に際して、いかにアカデミズムが貢献したのかを明らかにする研究だ。

近代＝国民国家の成立、という図式は、「近代日本」特有である。にもかかわらず、否、であるがゆえに、国民国家批判という議論そのものが、「近代」特有の議論である点には、決定的に盲目になっている。

しかも、本章前節でも確かめたように、「日本」という国号も、「元号」というインデックスも、ともに、営々と歴史を積み重ねてきており、「近代」において突如として「日本」という国民国家が成立したわけでは、ない。

ただ、これも前節で確かめたように、こうした国号と「元号」の同一性＝連続性が担保されているがゆえに、安心して、一八六八年と一九四五年という二つの断絶点について無邪気に、そして、執拗に語り続けられるのである。この点で、「「創られた伝統」としての「近代日本」」という議論そのものが、「創られた伝統」だと言えよう。

「元号」という対象に引きつけて言えば、「一世一元」という制度の成立とともに、天皇による時間支配が始まった、という議論は、まさしく「作られた伝統」としての「近代日本」の応用バージョンであり、アメリカ合衆国の日本研究者ケネス・ルオフの議論は代表例だ。

「元号の使用は天皇が在位する期間に沿って、ものごとを考えるように日本人に促すものなのである[11]」とのルオフの議論は、時の支配者＝天皇というイメージに寄りかかっている。「明治」への改元と「一世一元」の導入が同時であっただけになおさら、「近代」＝国民国家という等号が成り立っているかのように、ルオフは説明している。

「明治」において天皇による時間支配が導入されるやいなや確立したのだ、とするルオフの説明そのものが、ゼロから起算される時間という西暦的な時間意識に基づいている。しかし、ルオフは、それに気づかない。なぜなら、「西暦の訳語にはふさわしく、日本人にとって「西暦」は世界に通用するスタンダードだった[12]」という思考方法そのものが、「近代」の、しかも、「西欧近代」に由来するからだ。

「近代」的思考法から見た「元号」

社会学は、近代社会の自己観察であり、そして、本書は、まぎれもない社会学であると述べた。ただ、「元号」という対象を、「戦後」との比較において社会学的に観察した、というだけでは、社会学として make sense しないとも述べた。

すると、「元号」が、「近代日本」における「創られた伝統」であると述べておけばことたりるのだろうか。言い換えれば、「元号」による時代区分や歴史意識が、「明治」における「一世一元」の導入とともに、時の支配者＝天皇によって強制されたインデックスであるのだ、とする構築主義的な視点を強調しておけば、本書は、社会学として成り立つのだろうか。

そうではない。

確かに、ルオフの見方にのっとれば、西暦から見れば、「元号」という記号は、「日本の独自性を強調することになる」[13]のだから、その「独自性」や「独自の文化的慣行を維持する」[14]側面に力点を置いた説明ができる。「日本人にとって「西暦」は世界に通用するスタンダード」[15]に対して、「元号」の「独自性」をことさらに言い立てる解釈は可能になる。

しかしながら、この西暦＝「世界に通用するスタンダード」という言い方それ自体が、きわめて近代的な普遍主義的な思考にとらわれている。なぜなら、そもそも西暦そのものが、決して「世界に通用するスタンダード」ではなかったからである。

西暦、すなわち、Christian Era ＝イエス・キリストの体現を起点とした年の数え方は、キリスト教徒が必要に迫られたから生まれている。現在でも、キリスト教の一年は、基本的に復活祭を中心に回っている。他方で、一年のサイクルは、紀元前七五三年を起点とするローマ建国紀年＝ローマ皇帝の即位紀年で数えられていた。が、三世紀末から四世紀初めにかけてのローマ皇帝・ディオクレチアヌスは、キリスト教徒を強く迫害する。ここで、キリスト教徒の間から、迫害者の在位に基づく紀年ではなく、主イエス・キリストの誕生から年を数える方法を選

ぼうと試みたところが始まりである。(16)

ただ、正式に提案されるには、六世紀半ばまで待たなければならない。さらに、それから二〇〇年を経た八世紀ごろに、ようやく、キリストの生まれる前＝紀元前という概念が誕生する。しかも、一二世紀まではほとんど忘れ去られており、「キリスト教紀年」は、フランスの神学者・ボシュエによる『普遍史論』での使用をきっかけに、ヨーロッパ全体に広まる一八世紀までには、さらに一〇〇〇年近い時間を必要とする。(17) 大英帝国が、この暦を正式に使用するのは、一七五二年のことである。

加えて、日本における西暦の使用についても、言及しておかねばなるまい。

石井研堂『明治事物起原』によれば、明治四年（一八七一年）に、横浜の灯台で使われたのが、「西洋暦」が公に使われた最初の事例であり、その翌年・明治五年（一八七二年）には、century の訳語としての「幾世期」という表現があらわれる。(18)

こうしてみると、確かに、「明治」＝西暦の使用の始まり＝近代国家の成立、という等号が成立している。すると、西暦においては、確かに、その公式の使用と近代国家の成立が同型的に成立しているとみなせる。

だが、「元号」は、単にひとつの宗教の信者間でのみ使われていたインデックスではない。そればかりか、徳川家が権力を握っていた三〇〇年近い江戸期にあっても、たとえ形式的なものであるにしても、朝廷＝天皇家は、「元号」を定める権限を保持していた。江戸時代においても、「天皇による時間の支配を意味し、天皇による国土と人民の支配・統治を象徴する元号が維持されたことは、現代に至るまで大きな意味を持ち続けた[19]」のである。

だから、「元号」が「明治」＝「近代日本」における「創られた伝統」である、という見方そのものが、まぎれもなく西暦的な、あるいは、近代的な思考の産物なのである。

3、歴史意識――「戦後」という時代の括りかたの有効性

「一世一元」以前の「元号」は、平均して七・六年程度の寿命しか保てていない。一二年でひとまわりする干支よりも短く、もちろん、二六〇〇年も続いている皇紀よりも短く、さらには、人々の生活に密着している暦ほどの親近感がない。ゆえに、「元号」は、皇紀のように歴代天皇の権威を保つインデックスではない。それよりも、時々に応じて変わり、さらには、循環するような存在として捉えられていた。だからこそ、易姓革命の考え方に基づいてしばしば行われる改元は、ゼロ地点へのリセットであった。そこには、「戦後」や「明治維新」といった人工的なゼロ地点は必要ない。すでにある「元号」をリセットしてしまえば、そこからまた積み上げられるのである。

「元号」に基づく歴史意識は、「伝統」として常に続いているものとして積み上げられる、と

いうよりも、その都度その都度、作り上げられていく程度の、アド・ホックな指標に過ぎない。すなわち、客観的なインデックスというよりも、まずは実態があり、そこに後から歴史意識が醸造されてくる、といってよい。それゆえ、この日本においては、「西暦」という、また別の歴史意識を難なく取り入れられたのである。そして、アド・ホックであればこそ、「戦後」との対応関係において、より強く時代区分のインデックスとして形づくられてきたのである。

では、その「元号」を支える「戦後」という時代区分は、次のゼロ地点が来るまでリセットされず、直線的に続いていくのだろうか。「戦後」という時代の括りかたは、いつまでも有効なのだろうか。

既に述べたように、「戦後」は、その「終わり」が常に喧伝される点において、「近代」と同じ性格を持つ。すなわち、終わりの意識をもつことそのものが、近代の近代たるゆえんであり、「戦後」の「戦後」たるゆえんにほかならない。

とすれば、このまま、「戦後」は、「終わる」と言われながらも、その命脈を保ち続けるのだろうか。あるいは、「近代」と同様に、「ポスト戦後」が流行語になり、そして、流行語であったことすらも忘れられていくのだろうか。

同時に、本書では、「元号」について、そのリセットの力とともに、箱としてのまとまりを形づくる作用においても、インデックスとしての性質を定義した。「箱としてのまとまり」とは、つまり、その「はじまり」だけではなく、「終わり」についても区切る作用を持っている。

そうである以上、「戦後」が「元号」と循環的に時代区分の作用を持っている以上、その「終わり」をも区切る機能を持っているのだろうか。

ここでは、この二つの問いに答えることによって、次なる課題への展開を述べておきたい。

まず、「ポスト戦後」という時代区分が流行語になる、というよりも、すでに「戦後の終わり」は、繰り返し語られてきたし、これからも、たとえば、東日本大震災後の「災後」のように散発的に、オルタナティブ（代替案）が提示され続けるだろう。そして、「戦後」について言えば、「戦後」が第一次世界大戦の「後」を示していたように、あるいは、もともとは、戊辰戦争の「後」を示していたように、そして、アメリカ合衆国において次々に postwar が使われているように、次の戦争が起こり、そして終わるまで、「戦後」という枠組みは使われ続けるにちがいない。まさしく、日本における「戦後」が、そしてその「終わり」が、常にアメリカ合衆国との関係性において語られてきたように、次の戦争が起これば、その相手との関係において、また新たに語られ始めるだろう。

けれども、既に現時点では、「戦後」という枠組みを用いて何かを語ったり、あるいは、分析したり、といった作法には、その限界が見えつつある。何よりも、本書そのものが、「戦後」を対象化し、分析し、「元号」による時代区分を支える要素として位置付けている点に、その限界が露呈していると言ってよい。

言い換えれば、「戦後」が、もし現在でも強い拘束力を持ち、その磁場から全く自由になれていないのだとすれば、このような分析それ自体が成立しない。つまり、自らがどっぷりと浸かっている環境そのものを対象化できていない。

しかし逆に、これまで筆者が縷々述べてきたように、「戦後」という敗戦からの直線で計測される時代区分は、「昭和」「大正」「明治」という「元号」による時代の括りかたと相互循環的に形づくられてきたのである、と分析できる地点こそ、現在にほかならない。それは、巷間しばしば言われてきたような「戦後」の終わり、というよりも、「戦後」という時代の括りかたによって、現在を、現代を語るそのやり方の終わり、と言わなければなるまい。

それゆえに、たとえば、筆者が『「平成」論』において積み残した課題は、もはや「戦後」という枠組みによっては、解かれえない。その課題とは、一九七〇年代や一九八〇年代のディケードは西暦でしか呼ばず、昭和五〇年代や昭和六〇年代といった「元号」の区切りを使わなくなる理由の解明であった。元号法が制定され、法的根拠が与えられた昭和五四年＝一九七九年の次の年からの一〇年間＝一九八〇年代が、「昭和五〇年代」とも「昭和六〇年代」とも呼ばれなくなってしまう機制の解明であった。

この課題を、「戦後」のリアリティーが減衰したから、といったような、そういった安直な説明によって片付けることはできない。

それよりも、むしろ、「元号」が「一世一元」によって突然、そして、一斉に導入されたものでもなく、また、支配者＝天皇による時間支配をあらわしてもおらず、さらには、「皇紀」

や「暦」「干支」といった別の線分よりも短く、弱い、といった事実関係の再検証から始めなければならない。

日本語圏の歴史意識は、「元号」をカレンダーの技術として導入し、「西暦」や「皇紀」、「戦後」との対比において初めて、その起源＝オリジンに、天皇の歴史の長さ、という意味を発見した。その仕組みが、いかにして、たとえば、元号法の成立過程における議論において変容したのか、といった事実関係を確かめることから、次の作業を始めなければならない。その作業は、ここから始まる、次の課題と同時並行でなされる。

まずもって、「近代」の以前と以後の歴史意識の違いを、より明確にしなければならない。本書では、「元号」と「戦後」の関係性に対象を限定している。しかしながら、冒頭でも述べたように、「元号」は、「長い歴史」と「短い歴史」その両方を有している点で、きわめてジャパネスクな存在であった。本書では、後者の「短い歴史」にのみ焦点を絞っているため、今後は、前者の「長い歴史」との比較が求められよう。

また、「日本」以外の歴史意識との比較も求められる。近いところでは、「元号」発祥の地・中国や、あるいは、イスラム圏との比較考察も必要になる。文化人類学者の川田順造の次のような一節を、長さを厭わず最後に引いておきたい。

複数の年から成る時間の区切り、生きられた歴史にとって意味のある過去の区切りも、文化によって一様ではない。私自身の経験を述べれば、アフリカの奥地で、植民地支配者のもたらしたキリスト紀元暦ともあまり関係がなく、日本の年号など知るよしもない人たちのあいだで暮らしていて、日本やアフリカの知友に手紙を書くとき、日付の年をどう書き表わすかで、日本や西洋にいて手紙を書くときとちがうある種のこだわりを、私は覚えることがある。相手が日本人のばあい、私は昭和で年号を記す方が、自分や相手の生きてきた、そしていまも生きている歴史のなかに、自分をはるかによく位置づけることができると思う。とはいえ、天皇の在位に即して自分を位置づけることにも、それほど積極的にはなりきれないが、キリスト教紀元に義理だてする気は、さらにおこらない。相手がアフリカ人のばあい、日本の年号は通じないので、西洋人あてに手紙を書くときと同じく西暦を使うが、アフリカ植民地化以前の歴史を研究するために現地に暮している私にとって、西暦が時の尺度として、もともと人類に普遍的なものではないというあたりまえのことを、あらためて感じさせられる。同じことは、私が直接生きたのではない日本や中国の過去の時代について、私が考えるときにもいえる。[20]

こうした川田の問題意識に答えるために、また、次の歴史意識を探る旅を始めなければならない。

現在の「元号」、それは、通俗的なイメージだけではなく、「明治」「大正」「昭和」「平成」、とあたかもひとつの直線上にフラットに並ぶ記号として捉えられているように見える。それゆえに、「昭和ブーム」のような形でのレトロっぽさを意味する記号として使われる。

これまで見てきたように、それぞれの「元号」は、おのおのの時代での「戦後」との対応関係において、使われ、語られ、そして変容してきた。あるひとつの時代精神をあらわす区切りの力を持つインデックスとしての力を、時代のうつりかわりとともに、持つようになってきた。

本書は、その変容を、「昭和史論争」からスタートさせ、「大正デモクラシー」と「明治百年」を検討するだけにとどまっている。先に述べた『「平成」論』において積み残した課題は、ここにおいてもまだ、その端緒をつかんだに過ぎず、いかにして、「戦後」のリアリティーが減衰し、そして、「元号」から「西暦」への流れがかたちづくられたのかというテーマをめぐる探究は、まだ始まったばかりだ。この探究は、「元号」や「戦後」といったインデックスは、客観的に、ア・プリオリに存在しているというよりも、その存在によって、逆に、時代を区分する作法を身につけるという効果の検証から始まる。

であればこそ、川田順造の問題意識は、アフリカ、という「元号」でも「西暦」でもない地点から、その両者を相対化する視角を与えてくれるのであり、次なる探究は、こうした地点から、すなわち、本書の視点をさらにカッコに入れるところから始めることになるだろう。

注・参考文献

注

第一章

1 片山杜秀「闘論席」『週刊エコノミスト』二〇一七年四月四日号、五ページ

2 ジャック・ル＝ゴフ『時代区分は本当に必要か？　連続性と不連続性を再考する』菅沼潤訳、藤原書店、二〇一六年、三六ページ

3 鈴木洋仁『「平成」論』青弓社、二〇一四年

4 本書では、「歴史意識」を、いわゆる「歴史認識」とは異なる意味で用いている。ほとんど同義として扱っているケースは多いものの、「歴史認識」は、狭義では、日本と韓国や中国のあいだでの、太平洋戦争をめぐる戦争責任問題を意味する。加えて、その「歴史認識」という用語は、一九九〇年ごろを境に、韓国で、次いで日本で頻出するようになった、ある種の流行語であり（木村幹『日韓歴史認識問題とは何か　歴史教科書・「慰安婦」・ポピュリズム』ミネルヴァ書房、二〇一四年、一六ページ、四七ページ）、この語と区別する意味でも、本書は、「歴史意識」という用語を使用する。

5 事実、号を改めることは、古来、「改元」であって、「改号」でも、「改年」でもない。大同元年（八〇六年）には、『日本後紀』において、次のような記述が残されている。

> 今未だ年を踰えずして改元す。先帝の残年を分ちて当身の嘉号と成すは、終を慎みて改むる无《な》きの義を失い、孝子の心に違うなり（引用は黒板伸夫・森田悌（編）『日本後紀』集英社、二〇〇三年、三六三ページ）

この部分は、今＝大同元年の年なかばにもかかわらず、改元をしたことが、先帝＝桓武天皇の在位期間を分割することとなり、当身＝平城天皇の元号＝嘉号としてしまうのは、終り＝退位なくして改元なき、という義理を失い、孝子の心＝先帝を敬う心に反することを戒めている。この『日本後紀』が書かれた時点（八〇六年）で、日本において六四五年から始まった「元号」は、開始から一〇〇年少しのあいだに、すでに一九回もの「改元」を繰り返していた。その「改元」が、どのような義理に基づいているのかについても、評価は定まっている。だから、一年の途中での「改元」を戒める記述が残されている。このように、「元号」を「改める」

ことは、古くから、「改元」として引き継がれており、それは、単に、「元号」＝「年号」という名前を改めることだけを意味してはいない。

6　戸川芳郎「元號「平成」攷」『二松学舎大学院紀要』第一一巻、二松学舎大学、一九九七年

7　所功『年号の歴史　元号制度の史的研究〈増補版〉』雄山閣、一九九六年

8　森茂暁『建武政権　後醍醐天皇の時代』講談社学術文庫、一九八〇→二〇一二年

9　藤田覚『江戸時代の天皇』講談社、二〇一一年、二二〇ページ

10　この点について、日本の王権の「朱子学化」と捉えている小島毅『増補　靖国史観　日本思想を読みなおす』ちくま学芸文庫、二〇一四年、一五〇ページを参照。

11　鈴木洋仁「時間意識の近代　元号、皇紀、新暦を素材として」『情報学研究』八六号、二〇一四年

12　古関彰一『日本国憲法の誕生』岩波現代文庫、一九八九→二〇〇九年

13　後藤謙次『竹下政権・五七六日』行研、二〇〇〇年

14　元号法制定過程については小林直樹「元号法成立の意味と問題点」『法律時報』五一（八）、一九七九年を参照。

15　的場順三『日本の7つの大問題』海鳥社、二〇一五年、二四二ページ

16　公的な「元号」以外に「私年号」が各地で散発的に用いられてきたという事実もまた、この「日本」と「元号」の関係を裏書きする（久保常晴『日本私年号の研究』吉川弘文館、一九六七年）。

17　また、二〇一七年四月一日付紙面から日本共産党の機関紙『赤旗』が約二八年ぶりに元号表記を復活させたニュースも記憶に新しい。

18　笠谷和比古『歴史の虚像を衝く』教育出版、二〇一五年

19　佐藤正幸『歴史認識の時空』知泉書館、二〇〇四年

20　柄谷行人「近代日本の言説空間――一九七〇年＝昭和四十五年」『定本　柄谷行人集』第五巻、岩波書店、一九八九→二〇〇四年、五九―六〇ページ

21　柄谷、前掲、六四―六五ページ

22　大澤真幸『戦後の思想空間』ちくま新書、一九九八年、一六―一七ページ

23 大澤、前掲、一七―一八ページ
24 大澤、前掲、一八ページ
25 鈴木洋仁「元号の歴史社会学・序説　「明治の精神」を事例として」『情報学研究』八五号、二〇一四年
26 木村大治『括弧の意味論』NTT出版、二〇一一年、二〇九ページ
27 司馬遼太郎『「明治」という国家』『司馬遼太郎全集　第五四巻』文藝春秋、一九八九↓一九九九年
28 司馬遼太郎『「昭和」という国家』NHKブックス、一九九九年
29 史学史家の成田龍一は、一九九五年に公刊された「アメリカ人学者の日本史解釈」という小論を「アメリカにおける日本研究はいま、幾度目かの活況を呈している」と書き始める。成田は、日本における「戦後」が「長すぎる」としたキャロル・グラックの功績を「近代日本のイデオロギー＝天皇制イデオロギーは単一のイデオロギーではなく、いくつもの要素が組み合わさり、文明化の過程をへて成立したものであることを、グラックはこの著作をつうじてあきらかにした」と評価する。その上で、「グラックは、戦後歴史学の検討をつうじ、日本人の「長すぎる戦後」の意識を抽出し、戦後を歴史として描くことを促してもいる」と、成田は、まとめている（成田龍一『歴史学のスタイル　史学史とその周辺』校倉書房、二〇〇一年、二九三―二九六ページ）。
30 佐藤俊樹「近代を語る視線と文体　比較のなかの日本の近代化」高坂健次・厚東洋輔編著『講座社会学〈1〉理論と方法』東京大学出版会、一九九八年、九三ページ
31 佐藤俊樹『近代・組織・資本主義　日本と西欧における近代の地平』ミネルヴァ書房、一九九三年
32 佐藤俊樹「近代を語る視線と文体　比較のなかの日本の近代化」高坂健次・厚東洋輔編著『講座社会学〈1〉理論と方法』東京大学出版会、一九九八年、九三ページ。
33 こうした想像力の試みとして、御厨貴『「戦後」が終わり「災後」が始まる。』千倉書房、二〇一一年。

第二章

1 遠藤知巳「「八〇年代」の遠近法」『大航海』No.68、二〇〇八年、一六〇―一六一ページ
2 なお、ここで扱えなかった論点として、「戦後派」「戦前派」「戦中派」「戦無派」という世代論がある。これについては、井上俊の議論を踏まえて別論を期したい（井上俊『死にがいの喪失』筑摩書房、一九七三年）。また、昭和二〇年＝一九四五年に生まれた世

代は「戦後っ子」と呼ばれ、その成長過程で、たびたび、とりわけ雑誌に姿を見せているが、昭和四〇年ごろを境に、姿を消してしまう。その帰趨についても、考察を続けたい。

3　この点は、次の論文で明らかにされている。その著者は、ドイツの日本研究者であり、この時期の「戦後論」については、彼を除いて、ほとんどの日本史研究者が着目していなかった点も興味深い（ヤン・シュミット「第一次世界大戦期日本における「戦後論」未来像の大量生産」山室信一・岡田暁生・小関隆・藤原辰史編『第一次世界大戦　1 世界戦争』岩波書店、二〇一四年）。

4　キャロル・グラック『歴史で考える』梅﨑透訳、岩波書店、二〇〇七年、二七七ページ

5　そして、この「戦後」は、「元号」とは違い、結びつく対象と、そうでないものとの差異が、比較的はっきりとしている。戦後文学、戦後思想、戦後美術、戦後詩、戦後政治、戦後社会、戦後史、戦後レジーム、といったところはすぐに思い浮かび、使われている。が、戦後哲学や、戦後法、戦後科学、戦後音楽、戦後経済、戦後映画といった言い方は、ほとんどしない。「昭和っぽい」に対して「平成っぽい」がないように、「昭和史」が語られるのに対して「平成史」が語りにくいように、戦後文学や戦後政治などは誰もが認識できるのに対して、戦後哲学や戦後音楽、といった区分は、ほとんどない。これもまた、昭和二〇年＝一九四五年というゼロ地点を見出す対象と、そうではないものの差分であり、フラットさ／ニュートラルさとの親和性に依存している。

6　Michael Lucken, Masakazu Nakai : Naissance de la théorie critique au Japon, les presses de réel, 2016

7　佐藤健二『歴史社会学の作法　戦後社会科学批判』岩波書店、二〇〇一年、二六三ページ

8　佐藤健二『柳田國男における歴史社会学の方法』東京大学大学院人文社会系研究科博士論文、二〇〇五年、四二ページ。

9　佐藤俊樹、前掲、九〇ページ

10　原文の書き下しは、以下の通り。「太乙を体して位に登り、景命を膺けて以て元を改む。洵に聖代の典型にして、万世の標準なり。朕、否徳と雖も、幸に祖宗の霊に頼り、祇みて鴻緒を承け、躬万機の政を親す。乃ち元を改めて、海内の億兆と与に、更始一新せむと欲す。其れ慶応四年を改めて、明治元年と為す。今より以後、旧制を革易し、一世一元、以て永式と為す。主者施行せよ」近代デジタルライブラリー　http://kindai.ndl.go.jp/info:ndljp/pid/759512/41?tocOpened=1　最終アクセス二〇一七年四月一六日

11　佐藤卓己『八月十五日の神話　終戦記念日のメディア学』ちくま学芸文庫、二〇一四年

12　「日本的なもの」を発見しようと試みるベクトルは、往々にして本居宣長らの国学へと回帰する。その一方で、「跛行的」などといった言い回しで日本近代の「遅れ」を言い立てる方向もまた、一定の支持を得てきたし、いまもまだ得ている。前田愛を嚆矢とす

る優れた読者研究がすでに明らかにしているように、日本語圏では、所得や身分の差を超えて、幅広い人たちが読書に励んできたし、今も勤しんでいる。

13 ケネス・ジェームス・ルオフ『国民の天皇 戦後日本の民主主義と天皇制』木村剛久・福島睦男訳、岩波現代文庫、二〇〇九年、二八三ページ

14 鶴見俊輔「大正期の文化」『鶴見俊輔集』筑摩書房、一九六三→一九九一年、四一三ページ

15 鶴見、前掲、四一三ページ

16 佐藤健二「近代日本民俗学史の構築について／覚書」『国立歴史民俗博物館研究報告』第一六五集、二〇一一年、二二ページ

17 エリック・ホブズボウム『創られた伝統』紀伊国屋書店、一九九二年、前川啓治・梶原景昭ほか訳

18 井上達夫『現代の貧困』岩波現代文庫、二〇〇一→二〇一一年、三八ページ

19 「新憲法と元号」一九四六年一一月三日「読売新聞」

20 日本国憲法公布から四週間後の一九四六年一一月二八日、政府は皇室典範を改正し、天皇をはじめとした皇族に関する規則を定める。が、「元号」を皇室典範に明確に定めた大日本帝国憲法（→第一章）とは異なり、次の方針を政府は明らかにしている。「当初の方針を変更して改元に関する新法規は制定しない方針に閣議決定をみ、今議会においても特に質問でもない限り政府側から積極的に改元についての態度表明はさける方針に決定」（「読売新聞」一九四六年一一月二九日朝刊）

21 ここでの亀山、柴沼のことばは、「〝西暦〟に大体賛成 参院文部委で意見聴く」『読売新聞』一九五〇年三月一日朝刊からの引用である。

22 「伝統」を事挙げするにせよ「西洋」を持ち上げるにせよ、どちらにも一定の読者がいる。端的に言えば、どちらも売れたから、読者のマーケットに支えられたから、生き延びてきた。それほどまでに、日本語圏の「読書人」マーケットは広く、そして、広範囲にわたっている。苅谷剛彦が名付けた「大衆教育社会」とは、まさにこのことである。

23 ジャック・ル＝ゴフ『時代区分は本当に必要か？ 連続性と不連続性を再考する』菅沼潤訳、藤原書店、二〇一六年、三六ページ

24 網野善彦「時代区分」『日本史大事典』第三巻、平凡社、一九九三年、八七八ページ

25 代表的な例としてデイビッド・リースマンの『孤独な群衆』は、段階論よりも類型論としての読解に可能性を見出すことができる。

26 柄谷行人「近代日本の言説空間」『定本 柄谷行人集』第五巻、岩波書店、一九八九→二〇〇四年、六二ページ

27 佐藤正幸「日本における紀年認識の比較史的考察」『日本研究』国際日本文化研究センター、一九九八年、一九〇ページ
28 井上章一『日本に古代はあったのか』角川選書、二〇〇八年、二六三―二六四ページ
29 井上によって、「関東史観」をはっきりと打ち出したと名指しされた本郷和人は、同書が定義する歴史観の対立について、丁寧に反論しつつ、問題は、別のところだと述べる。その問題とは、「天皇賛美」を旨とする戦前の皇国史観が、幕府以降の貴族に対する武家の優越を前にして、武家を讃える「尚武」と矛盾をきたし、史料に立脚した研究が止まったこと。そればかりか、この矛盾を解くために、天皇を信じることを要求したことにほかならない。本郷は、こうした議論の末に、実証主義の鍛え直しとも言うべき提案をしている（本郷和人『武力による政治の誕生』講談社選書メチエ、二〇一〇年）のだが、筆者が掲げる主題とは異なる。
30 保立道久「時代区分論の現在　世界史上の中世と諸社会構成」『史海』五二号、東京学芸大学、二〇〇五年、二―三ページ
31 保立、前掲、三ページ
32 保立、前掲、三ページ
33 保立、前掲、五ページ
34 保立、前掲、一六ページ
35 保立、前掲、一三ページ
36 保立、前掲、一三ページ
37 保立、前掲、六ページ
38 本書では、大きく取り上げていないが、見田宗介による「戦後」の時代区分（夢の時代、理想の時代、虚構の時代）（見田宗介『現代日本の感覚と思想』講談社学術文庫、一九九五年）および、それを受けた大澤真幸による時代区分（大澤真幸『不可能性の時代』岩波新書、二〇〇八年）については、別途機会をあらためて論じたい。
39 佐藤健二『柳田國男における歴史社会学の方法』東京大学大学院人文社会系研究科博士論文、二〇〇五年、一二ページ
40 佐藤健二『歴史社会学の作法　戦後社会科学批判』岩波書店、二〇〇一年
41 佐藤俊樹「近代を語る視線と文体　比較のなかの日本の近代化」高坂健次・厚東洋輔編著『講座社会学〈1〉理論と方法』東京大学出版会、一九九八年、八九ページ
42 佐藤俊樹「域のありか　言説分析と「実証性」」佐藤俊樹・友枝敏雄編『シリーズ社会学のアクチュアリティ：批判と創造　5　言

説分析の可能性』東信堂、二〇〇六年

43 遠藤知巳「言説分析とその困難（改訂版）全体性／全域性の現在的位相をめぐって」佐藤俊樹・友枝敏雄編『シリーズ社会学のアクチュアリティ：批判と創造　5 言説分析の可能性』東信堂、二〇〇六年

44 葛山泰央『友愛の歴史社会学　近代への視角』岩波書店、二〇〇〇年。他方で、赤川学「言説分析とその可能性」（『理論と方法』16－1、数理社会学会、二〇〇一年）は、残存した資料体をできるだけ網羅的に集めることで、言説の全体性を仮構し、その形成＝編制を捉えようとしている。

45 佐藤俊樹「サブカルチャー／社会学の非対称性と批評のゆくえ――世界を開く魔法・社会学編」東浩紀・北田暁大編『思想地図 vol.5 特集・社会の批評』NHK出版、二〇一〇年、二二二ページ

46 北田暁大「フラット「化」の語り方」遠藤知巳編『フラット・カルチャー　現代日本の社会学』せりか書房、二〇一〇年

47 また、ここで十分に扱いきれなかった課題として、社会史や社会意識論といったテーマが挙げられる。本書は、『「元号」の社会史』や、『「元号」をめぐる社会意識論』と題しても構わなかったのかもしれないけれども、それらの方法と、〈歴史社会学〉との差分については、また機会を改めて、実践的に論じなくてはならない。

第三章

1 いささか長くなるものの、ここで、この「昭和ブーム」をめぐる社会学的考察についてまとめておこう。

たとえば、浅岡隆裕は、昭和三〇年代という時代の物語を「つまみ食い的に特定要素だけ密輸入し、都合が悪い部分はうまく捨象している」（浅岡隆裕『メディア表象の文化社会学　〈昭和〉イメージの生成と定着の研究』ハーベスト社、二〇一二年、二六一ページ）と「昭和ブーム」を批判する。

また、片桐新自は、「平成」が現在進行形であり、「昭和」は過去、しかも、昭和三〇年代や昭和四〇年代は、人間の記憶として振り返りやすい四〇—五〇年ほど前だからだ、と分析する。「平成では最近すぎて、まだ「いま」のうちに包摂されてしまうし、明治・大正は古すぎて、「いま」の適切な比較対象にはならない」（片桐新自「「昭和ブーム」を解剖する」『社会学部紀要』（関西大学）38（3）、二〇〇七年、五七—五八ページ）。それゆえに、「昭和」が盛んに取沙汰される、と片桐は言う。

しかしながら、北田暁大の言葉を借りれば、「こうした平凡な解釈図式が一定の信憑性を得てしまうほどに、昭和ブームは深く私

たちの社会空間に根を張っている」(北田暁大『増補　広告都市・東京　その誕生と死』ちくま学芸文庫、二〇一一年、一七九ページ)のであり、すでに議論は、片桐や浅岡による分析を分析したもの、すなわち、メタ分析にまで行き着いている。

そのメタ分析の代表として挙げられるのが日高勝之による分析である。日高は、『ALWAYS　三丁目の夕日』という映画そのものだけではなく、識者による批評やオーディエンスの反応をも分析対象にしている。つまり、彼は、「昭和ブーム」の素材となった作品だけではなく、その作品をめぐる言説、さらには、「昭和ブーム」についての分析をも分析している。

そして、昭和中後期のメディア文化関連のものが二一世紀の初頭前後以降に大量生産され、幅広い人気を集めている文化現象を「昭和ノスタルジア」と定義している。そのありようは、「戦後の高度経済成長期前後の近過去への、単一ではない多元的、複数的なポジショナリティからの執着による「見えない意味闘争」のようなもの」(日高勝之『昭和ノスタルジアとは何か　記憶とラディカル・デモクラシーのメディア学』世界思想社、二〇一四年、四四五―四四六ページ)だと、日高は述べている。

すなわち、『ALWAYS　三丁目の夕日』の制作者とオーディエンスといった、それぞれの「ポジショナリティ」によって、「昭和ノスタルジア」への執着の度合いは異なる。作り手や受け手といった複数かつ多様な関係者が、各々の意味を付しているが、その付し方は、可視化されない。こうしたメカニズムの解明が、「昭和ブーム」の分析を含めて分析した日高の知見である。

こうした浅岡や片桐、そして日高による「昭和ブーム」のアカデミックな解析においてもなお、「昭和」という「元号」が用いられると、なぜそれが、「ノスタルジア」となるのか、そのしくみをめぐる問いは、オミットされている。なぜ、「昭和ブーム」は、あくまでも「昭和」という「元号」を用いた表象に基づいているのか、そしてなぜ、「一九六〇年代ブーム」のような「西暦」を用いていないのか、そのしくみについては、問われていない。

2　この「五五年体制」という用語を生み出したのは、政治学者の升味準之輔である(升味準之輔「一九五五年の政治体制」『思想』一九六四年六月号)。

3　升味、前掲、五五ページ

4　現時点からすれば、「昭和」=「戦前」と切り捨てたのだ、と、それこそ切り捨ててしまいたくなるが、しかし、一九五六年当時において、「昭和」は、血なまぐさい記憶、それも、自分たちの家族や親族、友人・知人といった限りなく身近なレベルでの記憶とともに呼び出される現在進行形のインデックスであった。それゆえに、軽々しく、「昭和」=「戦前」として打ち捨てるというよりも、おそらくは、もっと、実存的な位相での、「命がけの飛躍」が、『昭和史』の著者たちには求められていたに違いない。

5　歴史学や思想史において「昭和史論争」を扱っている先行研究（大門正克編著『昭和史論争を問う　歴史を叙述することの可能性』日本経済評論社、二〇〇六年）に対して、本書は、「元号」と歴史学の「科学性」という知識社会学的な視点を提示する点に差異がある。

6　平山昇『初詣の社会史　鉄道が生んだ娯楽とナショナリズム』東京大学出版会、二〇一五年、一四九ページ

7　加えて言えば、大正期における天長節、すなわち大正天皇の誕生日（八月三一日）は、「昭和」以降、祝日にしようとする動きが見られないまま、現在に至っている。

8　吉野作造「明治文化の研究に志せし動機」『主張と閑談　吉野作造著作集　6　講学餘談』文化生活研究会、一九二七年、国立国会図書館デジタルライブラリー　http://dl.ndl.go.jp/info:ndljp/pid/1448840（最終アクセス　二〇一七年三月三一日）

9　遠山茂樹・今井清一・藤原彰『昭和史』岩波新書、一九五六年、ii、強調は引用者

10　ここで断っておかなければならないポイントは、本章が、『昭和史』という個別の本よりも、「昭和史論争」に重点を置いている点である。『昭和史』が歴史学においてどのような位置を占めているのか、といった史学史の関心に基づいてはいないことである。あるいは、『昭和史』が、これまでどのように論じられてきたのか、という点を重視していない点である。「元号」の歴史社会学を探究している本書が、この「昭和史論争」に着目する理由は、歴史学そのものをめぐってこの論争が始まったからである。『昭和史』という本の具体的な歴史叙述の当否を出発点として、論争がスタートしてはいないからである。

11　ここで述べられている「条件」は、実は、かの有名な『失敗の本質』と同様である点も指摘しておかなければなるまい。それは、すなわち、「前回は、戦争にやぶれたけれども、次は失敗しない」というリベンジを求める決意である。

12　佐藤卓己『物語岩波書店百年史2「教育」の時代』岩波書店、二〇一三年、三〇〇ページ

13　中島義勝「『昭和史』の出版と昭和史論争」大門正克編著『昭和史論争を問う　歴史を叙述することの可能性』日本経済評論社、二〇〇六年

14　佐藤卓己、前掲、二七七ページ

15　「刊行の辞」の常としての大仰なことばづかいだと捉えたとしても、「国民的誇りを取りもどす」という言い方は、ことによると、「日本を、取り戻す」という第二次安倍晋三政権のキャッチコピーと見まがうばかりだ。ただ、ここでの関心は、そうした岩波新書「青版」のナショナリスティックとも思われる性格を指摘するところにはない。

16 加藤秀俊「中間文化論」『中央公論』一九五七年三月号、二五四―二五五ページ
17 遠山茂樹・今井清一・藤原彰『昭和史』岩波新書、一九五六年、i‐ii
18 中島、前掲、三一九ページ
19 吉田健一「新書版が意味するもの」『日本に就て』一九五六→二〇一一年、ちくま学芸文庫、二〇一ページ
20 加藤、前掲、二五五ページ
21 遠山・今井・藤原、前掲、ii、強調は引用者。
22 遠山・今井・藤原、前掲、二八ページ
23 遠山・今井・藤原、前掲、二八ページ
24 遠山・今井・藤原、前掲、二九ページ、強調は引用者。
25 遠山・今井・藤原、前掲、二二三ページ、強調は引用者。
26 遠山・今井・藤原、前掲、二三六ページ
27 遠山・今井・藤原、前掲、二三八ページ、強調は引用者。
28 遠山・今井・藤原、前掲、i
29 今井清一「昭和史論争と私」大門正克編著『昭和史論争を問う 歴史を叙述することの可能性』日本経済評論社、二〇〇六年
30 「亀井勝一郎年譜」『亀井勝一郎著作集』第一九巻、講談社、一九七二年
31 亀井勝一郎「岩波文庫の功罪」『文藝春秋』一九五三年六月号、一〇八ページ、強調は引用者。
32 亀井勝一郎「現代歴史家への疑問 歴史家に「総合的」能力を要求することは果して無理だろうか」『文藝春秋』一九五六年三月号、六〇ページ
33 毛里裕一「論壇 「自由な討議空間」の歴史社会学」北田暁大(編)『自由への問い4 コミュニケーション 自由な情報空間とは何か』岩波書店、二〇一〇年
34 ほかには、高橋義孝「マルクス主義文学理論批判」に発した「上部構造論争」、谷崎潤一郎「鍵」をめぐっての論争、戦争責任論争、高村光太郎の「生き方」をめぐる論議、杉浦明平、中野重治のあいだの「立場の相違」についての応酬、石川達三「世界は変わった」に発した自由論争、現代かなづかい論争である。

35 亀井、前掲、六三ページ
36 亀井、前掲、六二ページ
37 亀井、前掲、六三ページ
38 亀井、前掲、六三ページ
39 亀井、前掲、六四ページ
40 中島健蔵「文学論争」『文芸年鑑』新潮社、一九五七年、一九ページ
41 亀井、前掲、六八ページ
42 遠山茂樹「現代史研究の問題点　『昭和史』の批判に関連して」『中央公論』一九五六年六月号、五六ページ、傍点は原文ママ
43 遠山、前掲、五三ページ
44 遠山、前掲、五五ページ
45 遠山、前掲、五五ページ
46 遠山、前掲、五六ページ
47 遠山、前掲、五八ページ
48 遠山、前掲、五四ページ
49 遠山、前掲、五五ページ
50 遠山、前掲、五五ページ
51 遠山、前掲、六一ページ
52 荒正人・家永三郎・上原専禄・江口朴郎・木下順二・遠山茂樹・野間宏・松本新八郎「座談会　歴史と人間　とくに現代史の問題を中心に」『歴史学研究』一九五六年一〇月号、二三ページ、強調は引用者
53 荒・家永・上原・江口・木下・遠山・野間・松本、前掲、二四ページ、強調は引用者
54 遠山・今井・藤原、前掲、三—四ページ
55 引用は内閣府ウェブサイト　http://www5.cao.go.jp/keizai3/keizaiwp/wp-je56/wp-je56-010501.html（最終閲覧日二〇一七年三月三一日）強調は引用者。

56 中野好夫「もはや「戦後」ではない」『文藝春秋』一九五六年二月号、五七ページ、強調は引用者
57 中野、前掲、六五ページ
58 中野、前掲、六六ページ
59 中野、前掲、六六ページ
60 この概念については、福永武夫編『第二の「戦後」の形成過程　1970年代日本の政治的・外交的再編』有斐閣、二〇一五年を参照。

第四章

1 たとえば、竹村民郎や三谷太一郎といった、さまざまな分野における研究の蓄積があるものの、本章でクローズアップするのは、信夫のみである。
2 有馬学・伊藤隆「松尾尊兊「大正デモクラシー」、鹿野政直「大正デモクラシーの底流」、金原左門「大正期の政党と国民」、三谷太一郎「大正デモクラシー論」」『史学雑誌』八四（三）、一九七五年、七〇―七一ページ
3 辞書・事典サイト「ジャパンナレッジ Lib」において閲覧（最終アクセス二〇一六年一〇月八日）
4 千葉功「研究史整理と問題提起　一九六〇―一九七〇年代を中心として」『歴史評論』二〇一四年二月号、八ページ
5 成田龍一『近現代日本史と歴史学　書き替えられた過去』中公新書、二〇一二年、一八四ページ
6 成田龍一『大正デモクラシー』岩波新書、二〇〇七年、vi
7 有馬学「大正デモクラシー」論の現在　民主化・社会化・国民化」『日本歴史』七〇〇、二〇〇六年、一三四ページ
8 有馬、前傾、一三四ページ
9 有馬、前傾、一三四ページ
10 有馬、前掲、一四一ページ
11 有馬、前掲、一四一ページ
12 千葉、前掲、一六ページ
13 千葉、前掲、五ページ

14 信夫清三郎・芳賀登・遠山茂樹・山本慎吾・松本三之介・吉村徳蔵・荒井信一・吉村道男「座談会 〝大正デモクラシー〟について」『真説日本歴史11』雄山閣、一九五九年、三〇〇ページ、強調は引用者
15 岡本宏「大正デモクラシー」信夫清三郎先生追悼文集編集委員会編『歴史家・信夫清三郎』勁草書房、一九九四年、二一八ページ、
16 千葉、前掲、五ページ
17 柳沢英二郎・斎藤勇「信夫清三郎小伝」信夫清三郎先生追悼文集編集委員会編『歴史家・信夫清三郎』勁草書房、一九九四年、一一ページ
18 柳沢・斎藤、前掲
19 この「唯物論研究会」、通称・「唯研」については、岩倉博『ある戦時下の抵抗 哲学者・戸坂潤と「唯研」の仲間たち』(花伝社、二〇一五)などを参照。
20 信夫清三郎『大正政治史』第一巻、河出書房、一九五一年、序一、強調は引用者(また、同書には幾つか版による違いがあるものの、本書では初版から引用した)
21 信夫清三郎『大正政治史』第四巻、河出書房、一九五二年、一三七六ページ、強調は引用者
22 信夫清三郎『大正政治史』第一巻、河出書房、一九五一年、三二一—三二二ページ
23 信夫清三郎『大正政治史』第四巻、河出書房、一九五二年、一三二七ページ
24 信夫、前掲、一三四二ページ
25 信夫、前掲、一三二七ページ
26 信夫、前掲、一三二八—一三二九ページ
27 信夫、前掲、一三三一ページ
28 信夫、前掲、一三三二ページ
29 信夫、前掲、一三三八ページ
30 信夫、前掲、一三三八ページ
31 信夫、前掲、一三五六ページ
32 信夫、前掲、一三五六ページ

33 信夫、前掲、一三五七ページ
34 信夫、前掲、一三五七―一三五八ページ
35 信夫、前掲、一三五八ページ
36 信夫、前掲、一三六〇ページ
37 信夫、前掲、一三六〇ページ
38 信夫、前掲、一三六一ページ
39 信夫、前掲、一三六三ページ
40 信夫、前掲、一三六四ページ
41 信夫、前掲、一三七〇ページ
42 信夫、前掲、一三七一ページ
43 信夫、前掲、一三七二ページ、強調は引用者
44 信夫、前掲、一三七二―一三七三ページ
45 信夫、前掲、一三七四ページ
46 信夫、前掲、一三七四ページ
47 信夫、前掲、一三七六ページ
48 信夫、前掲、序一ページ
49 信夫、前掲、一三七四ページ
50 信夫、前掲、一三四一ページ
51 信夫、前掲、一三七六ページ
52 千葉、前掲、一六ページ
53 有馬・伊藤、前掲、七〇―七一ページ
54 丸山眞男『現代政治の思想と行動　増補版』未來社、一九六四年、五八五ページ、強調は原文
55 こうした「戦後民主主義」の定義をめぐるあいまいさについては、すでに坪内祐三が指摘している（坪内祐三「あいまいな日本の

「戦後民主主義」」『ストリートワイズ』晶文社、一九九七年）

56 笠谷和比古『歴史の虚像を衝く』教育出版、二〇一五年

57 坂野潤治『明治デモクラシー』岩波新書、二〇〇五年

58 ジャック・ル＝ゴフ『時代区分は本当に必要か？ 連続性と不連続性を再考する』菅沼潤訳、藤原書店、二〇一六年、三六ページ

59 信夫清三郎『大正政治史』第四巻、河出書房、一九五二年、一ページ、強調は引用者

第五章

1 「明治150年」関連施策各府省庁連絡会議／内閣官房「明治150年」関連施策推進室 http://www.kantei.go.jp/jp/singi/meiji150/（最終アクセス二〇一七年三月三一日）

2 歴史学における最近の研究として、小池聖一「昭和のなかの「明治」明治百年記念準備会議を中心に」『日本歴史』（八〇六）二〇一五年七月号。

3 引用は、『歴史学研究』一九六七年一一月号、八七ページによる

4 佐藤栄作「明治の偉大さを顧みて」『解説政府の窓』一九六六年一一月一日号、三ページ、強調は引用者

5 引用は、『毎日新聞』一九六八年一月一日朝刊二面による。強調は引用者

6 閣議決定文書、引用は、『日本万国博覧会公式記録資料集』別冊A設立発起人会会議録、日本万国博覧会記念協会、一九七一年、四六ページによる。

7 日本万国博覧会記念協会、前掲、四六ページ

8 作詞：島田陽子／作曲：中村八大

9 坪内祐三「明治百年」毎日新聞社編『一九六八年に日本と世界で起こったこと』毎日新聞社、二〇〇八年

10 小野俊太郎『明治百年　もうひとつの一九六八年』青草書房、二〇一二年

11 永原慶二・藤井松一・板垣祐三・荒井信一「『明治百年祭』をめぐって」『歴史学研究』一九六八年二月号

12 桑原武夫「明治の再評価」『朝日新聞』一九五六年一月一日七面

13 この「明治の精神」および夏目漱石『こゝろ』の、「戦後」における評価については、別の拙稿（鈴木洋仁「元号の歴史社会学・

序説「明治の精神」を事例として」『情報学研究』85号、二〇一四年）を参照。
14 桑原、前掲
15 桑原、前掲
16 桑原武夫「大正五十年」『文藝春秋』一九六二年二月号、六九ページ
17 「戦後史文献解題1-3」『レファレンス』一〇〇―一〇二、一九五九年、国立国会図書館調査及び立法考査局
18 桑原、前掲、七九ページ
19 桑原、前掲、八〇ページ
20 桑原武夫「拙劣映画と芸術外的大感動――「明治天皇と日露大戦争」――」『世界』一九五七年七月号、一九三ページ
21 竹内好「明治維新百年祭・感想と提案」『思想の科学』一九六一年一一月号→『竹内好全集』第八巻、筑摩書房、一九六一→一九八一年、二三七ページ
22 本来なら、この「十年くぎり」すなわち「一九×〇年代」という decade の線分それ自体についても稿をあらためて論じなければならない。
23 竹内好「「民族的なもの」と思想――六〇年代の課題と私の希望」『週刊読書人』一九六〇年二月一五日号→『竹内好全集』第九巻、筑摩書房、一九六〇→一九八一年、五九ページ
24 竹内、前掲、六二ページ
25 竹内、前掲、六三ページ
26 竹内好「明治維新百年祭・感想と提案」『思想の科学』一九六一年一一月号→『竹内好全集』第八巻、筑摩書房、一九六一→一九八一年、二三六―二三九ページ
27 松島栄一、桑原武夫、竹内好、羽仁五郎 一九六二「明治維新の意味【討議】」『中央公論』一九六二年一月号、一七八ページ
28 松島他、前掲、一八八ページ
29 さらに、竹内の意図をさらに裏切るように、この長期連載「明治維新の再評価」の枠内で作家・林房雄による「大東亜戦争肯定論」が掲載され、大きな反響を呼ぶことになるのだが、その点について論じることは、本書の射程を超える。
30 山田宗睦『危険な思想家 戦後民主主義を否定する人々』光文社カッパブックス、一九六五年、三ページ、下線は引用者による。

31 引用は、『朝日新聞』一九六五年四月五日東京本社発行夕刊五面
32 竹内好「「明治ブーム」に思う」『東京新聞』一九六五年五月一七日、一八日→『竹内好全集』第八巻、筑摩書房、一九八一年、二三九ページ
33 竹内、前掲、二四一ページ
34 竹内、前掲、二四一ページ
35 竹内、前掲、二四二―二四三ページ
36 竹内、前掲、二四四ページ
37 竹内好「中国の近代と日本の近代 ――魯迅を手がかりとして――」『東洋文化講座』第三巻、東京大学東洋文化研究所（編）白日書院、一九四八年→「近代とは何か（日本と中国の場合）」『竹内好全集』第四巻、筑摩書房、一九八〇年
38 竹内、前掲、一六六―一六七ページ
39 竹内好「明治維新と中国革命」『共同研究明治維新』思想の科学研究会（編）、徳間書店、一九六七年→『竹内好全集』第四巻、筑摩書房、一九八〇年、三五六ページ
40 木下直之「明治百年と明治六十年」『近代画説』一四、二五ページ
41 引用は、『朝日新聞』一九六五年八月十九日東京本社発行夕刊一面による。

第六章

1 卑小な例示に過ぎないが、一九八〇年代、東京・池袋の書店・リブロには、「post-」と題した書棚があった。むろん、ポストモダンのpost-に由来する命名であるとともに、何かの「終わり」や「後」への意識が、一九八〇年代・東京の読書人たちに広まっていた。このエピソードに象徴されるように、そして、二〇世紀の「終わり」という終末論的な意識の高まりとともに、「昭和」の「終わり」は、post-という意識が、からみついていた。
2 しかし、たとえば、加藤秀俊『メディアの展開 情報社会学から見た「近代」』二〇一五年、中央公論新社のような示唆に富む先達も多いのだが。
3 佐藤俊樹「近代を語る視線と文体 比較のなかの日本の近代化」高坂健次・厚東洋輔編『講座社会学 1 理論と方法』東京大学

出版会、一九九八年、九〇ページ

4 こうした大騒ぎの延長線上に、二〇一六年夏における天皇の「生前退位」をめぐる議論がある。

5 鈴木洋仁「そのテクストの読者は誰か？　書評『社会学ワンダーランド』」ソシオロゴス編集委員会、二〇一四年d

6 ベネディクト・アンダーソン『定本　想像の共同体——ナショナリズムの起源と流行』白石隆、白石さや訳、書籍工房早山、二〇〇七年

7 アーネスト・ゲルナー『民族とナショナリズム』加藤節監訳、岩波書店、二〇〇〇年

8 エリック・ホブズボーム『ナショナリズムの歴史と現在』浜林正夫、嶋田耕也、庄司信訳、大月書店、二〇〇一年

9 アントニー・D・スミス『ネイションとエスニシティ——歴史社会学的考察』巣山靖司、高城和義他訳、名古屋大学出版会、一九九九年

10 イ・ヨンスク『「国語」という思想　近代日本の言語認識』岩波現代文庫、一九九六年→二〇一二年

11 ケネス・ジェームス・ルオフ『国民の天皇　戦後日本の民主主義と天皇制』木村剛久・福島睦男訳、岩波現代文庫、二〇〇九年、二八三ページ

12 ルオフ、前掲、二八三ページ

13 ルオフ、前掲、二八三ページ

14 ルオフ、前掲、二八三ページ

15 ルオフ、前掲、二八三ページ

16 佐藤正幸『世界史における時間』山川出版社、二〇〇九年

17 佐藤正幸、前掲、四四ページ

18 石井研堂『明治事物起源　7　病医部、遊楽部、暦日部、地理部、衣装部』、ちくま学芸文庫、一九九七年、四二一ページ

19 藤田覚『江戸時代の天皇』講談社、二〇一一年、二一〇頁

20 川田順造『無文字社会の歴史　西アフリカ・モシ族の事例を中心に』岩波現代文庫、一九七六年→二〇〇一年、二一三—二一四ページ

参考文献

赤川学「言説分析とその可能性」『理論と方法』(16－1)、数理社会学会、二〇〇一年
――「言説の歴史社会学・序説」『社会学史研究』27－3、二〇〇五年
浅岡隆裕『メディア表象の文化社会学 〈昭和〉イメージの生成と定着の研究』ハーベスト社、二〇一二年
網野善彦「時代区分」『日本史大事典』平凡社、一九九三年
荒正人・家永三郎・上原専禄・江口朴郎・木下順二・遠山茂樹・野間宏・松本新八郎「座談会 歴史と人間 とくに現代史の問題を中心に」『歴史学研究』一九五六年一〇月号
有馬学「「大正デモクラシー」論の現在 民主化・社会化・国民化」『日本歴史』700、二〇〇六年
有馬学・伊藤隆「松尾尊兊「大正デモクラシー」、鹿野政直「大正デモクフシーの底流」、金原左門「大正期の政党と国民」、三谷太一郎「大正デモクラシー論」」『史学雑誌』84(3)、一九七五年
ベネディクト・アンダーソン『定本 想像の共同体――ナショナリズムの起源と流行』白石隆、白石さや訳、書籍工房早山、二〇〇七年
石井研堂『明治事物起原 7 病医部、遊楽部、暦日部、地理部、衣装部』、ちくま学芸文庫、一九九七年
犬飼裕一「ルーマン、意味と歴史の循環論 『意味の歴史社会学 ルーマンの近代ゼマンティク論』に触発されて」『北海学園大学経済論集』58－4、二〇一一年
井上俊『死にがいの喪失』筑摩書房、一九七三年
井上章一『日本に古代はあったのか』角川選書、二〇〇八年
井上達夫『現代の貧困』岩波現代文庫、二〇〇一→二〇一一年
今井清一「昭和史論争と私」大門正克編著『昭和史論争を問う 歴史を叙述することの可能性』日本経済評論社、二〇〇六年
イ・ヨンスク『「国語」という思想 近代日本の言語認識』岩波現代文庫、一九九六年→二〇一二年
岩倉博『ある戦時下の抵抗 哲学者・戸坂潤と「唯研」の仲間たち』花伝社、二〇一五年
遠藤知巳「言説分析とその困難(改訂版) 全体性／全域性の現在的位相をめぐって」
大門正克編著『昭和史論争を問う 歴史を叙述することの可能性』日本経済評論社、二〇〇六年
大久保利謙「津田真道の著作について」『幕末維新の洋学 大久保利謙歴史著作集5』吉川弘文館、一九八六年
大澤真幸『不可能性の時代』岩波新書、二〇〇八年
岡田芳朗『明治改暦』大修館書店、一九九四年
岡本宏「大正デモクラシー」信夫清三郎先生追悼文集編集委員会編『歴史家・信夫清三郎』勁草書房、一九九四年
小野俊太郎『明治百年 もうひとつの1968年』青草書房、二〇一二年

尾原宏之『大正大震災――忘却された断層』白水社、二〇一二年
笠谷和比古「歴史の年月日　正確な表記を」『読売新聞』二〇一六年九月二一日朝刊
梶山孝夫『水戸の國學　吉田活堂を中心として』錦正社、一九九七年
片桐新自「「昭和ブーム」を解剖する」『社会学部紀要』（関西大学）38（3）、二〇〇七年
葛山泰央『友愛の歴史社会学　近代への視角』岩波書店、二〇〇〇年
加藤秀俊「中間文化論」『中央公論』一九五七年三月号
――『メディアの展開　情報社会学から見た「近代」』二〇一五年、中央公論新社
金子拓『記憶の歴史学　史料に見る戦国』講談社選書メチエ、二〇一一年
亀井勝一郎「岩波文庫の功罪」『文藝春秋』一九五三年六月号
――「現代歴史家への疑問　歴史家に「総合的」能力を要求することは果して無理だろうか」『文藝春秋』一九五六年三月号
柄谷行人「近代日本の言説空間」『定本　柄谷行人集　5』岩波書店、一九八九→二〇〇四年
川田順造『無文字社会の歴史　西アフリカ・モシ族の事例を中心に』岩波現代文庫、一九七六年→二〇〇一年
川和田晶子「明治改暦と時間の近代化」橋本毅彦・栗山茂久（編・著）『遅刻の誕生　近代日本における時間意識の形成』三元社、二〇〇一年
北田暁大「フラット「化」の語り方」遠藤知巳編『フラット・カルチャー　現代日本の社会学』せりか書房、二〇一〇年
――『増補　広告都市・東京　その誕生と死』ちくま学芸文庫、二〇一一年
木村幹『日韓歴史認識問題とは何か　歴史教科書・「慰安婦」・ポピュリズム』ミネルヴァ書房、二〇一四年
久保常晴『日本私年号の研究』吉川弘文館、一九六七年
久米郁夫『原因を推論する　政治分析方法論のすすめ』有斐閣、二〇一三年
キャロル・グラック『歴史で考える』岩波書店、二〇〇七年
桑原武夫「学問を支えるもの」『桑原武夫全集　5』朝日新聞社、一九五五→一九八八年
――「明治の再評価」『朝日新聞』一九五六年一月一日七面→『桑原武夫集　4』岩波書店、一九五六→一九八八年
――「拙劣映画と芸術外的大感動」『世界』一九五七年七月号
――「大正五十年」『文藝春秋』（一九六二年二月号）→『桑原武夫集　6』岩波書店、一九六二→一九八〇年
――「元号について」『世界』一九七五年八月号
桑原武夫・松田道雄　一九五五「新春対談　日本文化への発信」『日本読書新聞』一九五五年一月一日号
アーネスト・ゲルナー『民族とナショナリズム』加藤節監訳、岩波書店、二〇〇〇年
小池聖一「昭和のなかの「明治」　明治百年記念準備会議を中心に」『日本歴史』（８０６）、二〇一五年七月号
古関彰一『日本国憲法の誕生』岩波現代文庫、一九八九→二〇〇九年
小林直樹「元号法成立の意味と問題点」『法律時報』51（８）、一九七九年

後藤謙次『竹下政権・五七六日』行研、二〇〇〇年
子安宣邦『「大正」を読み直す』藤原書店、二〇一六年
佐々木克『幕末の天皇　明治の天皇』講談社、二〇〇五年
佐藤栄作「明治の偉大さを顧みて」『解説政府の窓』一九六六年一一月一日号
佐藤香「序文〈特集〉歴史社会学」『社會科學研究』57－3／4、二〇〇六年
佐藤健二『歴史社会学の作法　戦後社会科学批判』岩波書店、二〇〇一年
――『柳田國男における歴史社会学の方法』東京大学大学院人文社会系研究科博士論文、二〇〇五年
――「近代日本民俗学史の構築について／覚書」『国立歴史民俗博物館研究報告』第１６５集、二〇一一年
――『社会調査史のリテラシー　方法を読む社会学的想像力』新曜社、二〇一一年
佐藤卓己『物語岩波書店百年史２「教育」の時代』岩波書店、二〇一三年
佐藤俊樹『近代・組織・資本主義――日本と西欧における近代の地平』ミネルヴァ書房、一九九三年
――「近代を語る視線と文体　比較のなかの日本の近代化」高坂健次・厚東洋輔編著『講座社会学〈1〉理論と方法』東京大学出版会、一九九八年
――「域のありか　言説分析と「実証性」」佐藤俊樹・友枝敏雄編『シリーズ社会学のアクチュアリティ：批判と創造　5　言説分析の可能性』東信堂、二〇〇六年
――「サブカルチャー／社会学の非対称性と批評のゆくえ――世界を開く魔法・社会学編」東浩紀・北田暁大編『思想地図 vol.5 特集・社会の批評』NHK出版、二〇一〇年
佐藤俊樹・友枝敏雄編『シリーズ社会学のアクチュアリティ：批判と創造　5　言説分析の可能性』東信堂、二〇〇六年
佐藤正幸「日本における紀年認識の比較史的考察」『日本研究』国際日本文化研究センター、一九九八年
――『歴史認識の時空』知泉書館、二〇〇四年
――『世界史における時間』山川出版社、二〇〇九年
信夫清三郎『大正政治史』第一巻、河出書房、一九五一年
――『大正政治史』第四巻、河出書房、一九五二年
信夫清三郎・芳賀登・遠山茂樹・山本慎吾・松本三之介・吉村徳蔵・荒井信一・吉村道男「座談会　〝大正デモクラシー〟について」『真説日本歴史11』雄山閣、一九五九年
司馬遼太郎『「明治」という国家』『司馬遼太郎全集　第54巻』一九八九↓一九九九年、文藝春秋
――『「昭和」という国家』NHKブックス、一九九九年
ヤン・シュミット「第一次世界大戦期日本における「戦後論」　未来像の大量生産」山室信一・岡田暁生・小関隆・藤原辰史編『第一次世界大戦　1　世界戦争』岩波書店、二〇一四年
鈴木貞美「日本における『歴史』の歴史」『日本研究』35、国際日本文化研究センター、二〇〇七年

鈴木洋仁「そのテクストの読者は誰か？　書評『社会学ワンダーランド』」ソシオロゴス編集委員会、二〇一四年
――「元号の歴史社会学・序説　「明治の精神」を事例として」『情報学研究』85号、二〇一四年
――「時間意識の近代　元号、皇紀、新暦を素材として」『情報学研究』86号、二〇一四年
――『「平成」論』青弓社、二〇一四年
アントニー・D・スミス『ネイションとエスニシティ――歴史社会学的考察』巣山靖司、高城和義他訳、名古屋大学出版会、一九九九年
盛山和夫『社会学の方法的立場　客観性とはなにか』東京大学出版会、二〇一三年
高木博志『近代天皇制の文化史的研究　天皇就任儀礼・年中行事・文化財』校倉書房、一九九七年
高橋徹『意味の歴史社会学　ルーマンの近代ゼマンティク論』世界思想社、二〇〇二年
竹内好「中国の近代と日本の近代――魯迅を手がかりとして――」『東洋文化講座』第三巻、東京大学東洋文化研究所（編）白日書院、一九四八年→「近代とは何か（日本と中国の場合）」『竹内好全集』第四巻、筑摩書房、一九八〇年
――「「民族的なもの」と思想――六〇年代の課題と私の希望」『週刊読書人』一九六〇年二月一五日号→『竹内好全集』第九巻、筑摩書房、一九八一年
――「明治維新百年祭・感想と提案」『思想の科学』一九六一年一一月号→『竹内好全集』第八巻、筑摩書房、一九六一→一九八一年
――「「明治ブーム」に思う」『東京新聞』一九六五年五月一七日、一八日→『竹内好全集』第八巻、筑摩書房、一九八一年
竹村民郎『大正文化　帝国のユートピア――世界史の転換期と大衆消費社会の形成』三元社、二〇一〇年
千葉功「研究史整理と問題提起　1960～1970年代を中心として」『歴史評論』二〇一四年二月号
津田真道「天皇陛下に上る書」大久保利謙・桑原伸介・川崎勝（編）『津田真道全集上巻』みすず書房、二〇〇一年
角山栄『時計の社会史』中公新書、一九八四年
坪内祐三「あいまいな日本の「戦後民主主義」」『ストリートワイズ』晶文社、一九九七年
――「明治百年」毎日新聞社編『1968年に日本と世界で起こったこと』毎日新聞社、二〇〇八年
鶴見俊輔「大正期の文化」『鶴見俊輔集』筑摩書房、一九六三→一九九一年
遠山茂樹・今井清一・藤原彰『昭和史』岩波新書、一九五六年
――「現代史研究の問題点　『昭和史』の批判に関連して」『中央公論』一九五六年六月号
――「水戸学と明治維新」『遠山茂樹著作集』第二巻、岩波書店、一九九二年
戸川芳郎「元號「平成」攷」『二松　大学院紀要』第11巻、二松学舎大学、一九九七年
所功『年号の歴史――元号制度の史的研究〈増補版〉』雄山閣、一九九六年
中河伸俊『社会問題の社会学』世界思想社、一九九九年
中島健蔵「文学論争」『文芸年鑑』新潮社、一九五七年

中島義勝「『昭和史』の出版と昭和史論争」大門正克編著『昭和史論争を問う　歴史を叙述することの可能性』日本経済評論社、二〇〇六年

中野好夫「もはや『戦後』ではない」『文藝春秋』一九五六年二月号

中山久四郎「明治初年における皇紀の尊重」中山久四郎編『神武天皇と日本の歴史』小川書店、一九六一年

永原慶二・藤井松一・板垣祐三・荒井信一『明治百年祭』をめぐって」『歴史学研究』一九六八年二月号

成田龍一『歴史学のスタイル　史学史とその周辺』校倉書房、二〇〇一年

――『大正デモクラシー』岩波新書、二〇〇七年

――『近現代日本史と歴史学　書き替えられた過去』中公新書、二〇一二年

西本郁子『時間意識の近代「時は金なり」の社会史』法政大学出版局、二〇〇六年

沼田尚道「今日、旧暦と呼ばれるのは～天保壬寅元暦～　時計と暦と経緯度の話　第21話」『ITUジャーナル』40（12）、日本ITU協会、二〇一〇年

野上元「社会学が歴史と向きあうために　歴史資料・歴史表象・歴史的経験」野上元・小林多寿子編著『歴史と向きあう社会学　資料・表象・経験』ミネルヴァ書房、二〇一五年

原武史『大正天皇』朝日文庫、二〇〇〇↓二〇一五年

坂野潤治『明治デモクラシー』岩波新書、二〇〇五年

日高勝之『昭和ノスタルジアとは何か　記憶とラディカル・デモクラシーのメディア学』世界思想社、二〇一四年

平山昇『鉄道が変えた社寺参詣　初詣は鉄道とともに生まれ育った』交通新聞社新書、二〇一二年

――『初詣の社会史　鉄道が生んだ娯楽とナショナリズム』東京大学出版会、二〇一五年

ミシェル・フーコー『知の考古学』慎改康之訳、河出文庫、二〇一二年

藤井貞文『明治維新前後における神武天皇景仰の思想と紀元節の制定」中山久四郎（編）『神武天皇と日本の歴史』小川書店、一九六一年

藤田省三「江戸時代の天皇」講談社、二〇一一年

藤田覚『昭和』とは何か――元号批判」『精神史的省察』一九七五↓二〇〇三年、平凡社ライブラリー

保城広至『歴史から理論を創造する方法　社会科学と歴史学を統合する』勁草書房、二〇一五年

保立道久「時代区分論の現在　世界史上の中世と諸社会構成」『史海』52号、東京学芸大学、二〇〇五年

エリック・ホブズボーム『ナショナリズムの歴史と現在』浜林正夫、嶋田耕也、庄司信訳、大月書店、二〇〇一年

本郷和人『武力による政治の誕生』講談社選書メチエ、二〇一〇年

前田愛『都市空間のなかの文学』筑摩書房、一九八二年

フランソワ・マセ「近代日本における「起源」の思想」『文学』8（2）、岩波書店、一九九七年

松島栄一、桑原武夫、竹内好、羽仁五郎「明治維新の意味【討議】」『中央公論』一九六二年一月号

的場順三『日本の7つの大問題』海鳥社、二〇一五年
溝口佑爾「時の観察に流れる「時」――N・ルーマンによる時間ゼマンティクの知識社会学再考」『社会システム研究』14、京都大学大学院人間・環境学研究科社会システム研究刊行会、二〇一一年
見田宗介『現代日本の感覚と思想』講談社学術文庫、一九九五年
三谷太一郎『大正デモクラシー論　吉野作造の時代　第三版』東京大学出版会、二〇一三年
三戸祐子『定刻発車　日本の鉄道はなぜ世界で最も正確なのか?』新潮文庫、二〇〇五年
毛里裕一「論壇「自由な討議空間」の歴史社会学」北田暁大(編)『自由への問い　4　コミュニケーション　自由な情報空間とは何か』岩波書店、二〇一〇年
森茂暁『建武政権　後醍醐天皇の時代』講談社学術文庫、一九八〇→二〇一二年
柳沢英二郎・斎藤勇「信夫清三郎小伝」信夫清三郎先生追悼文集編集委員会編『歴史家・信夫清三郎』勁草書房、一九九四年
山口毅「社会問題研究の一課題：構築主義社会問題論における存在論的ゲリマンダリング批判以降」『東京大学大学院教育学研究科紀要』38、一九九八年
山田宗睦『危険な思想家　戦後民主主義を否定する人々』光文社カッパブックス、一九六五年
吉田健一「新書版が意味するもの」『日本に就て』一九五六→二〇一一年、ちくま学芸文庫
吉田俊純『水戸学と明治維新』吉川弘文館、二〇〇三年
ケネス・ジェームス・ルオフ『国民の天皇　戦後日本の民主主義と天皇制』木村剛久・福島睦男訳、岩波現代文庫、二〇〇九年
ジャック・ル=ゴフ『時代区分は本当に必要か?　連続性と不連続性を再考する』藤原書店、二〇一六年
ニクラス・ルーマン『社会構造とゼマンティク』徳安彰訳、法政大学出版局、二〇一一年
Michael Lucken, *Masakazu Nakai : Naissance de la theorie critique au Japon*, les presses de reel, 2016

あとがき

本書は、二〇一六年十月に、東京大学大学院学際情報学府に提出され、二〇一七年一月に、博士（社会情報学）の学位を授与された博士学位論文「「元号」の歴史社会学　戦後日本における歴史意識の変容」をベースに、大幅な修正を施したものである。

表記の統一を図ったほか、博士論文においては詳述していた方法論や、筆者の修士論文をはじめとする先行研究への参照部分をまとめ、注記・文献を適宜省略した。また、書籍化にあたって、引用部の仮名遣いを一部あらためた。ただし、論旨については、ほとんど手を加えていない。第一章には拙稿「改元を通してみた天皇「昭和」改元と「平成」改元の比較分析」（『日本研究』第五四集）、『「平成」論』の一部を用いており、第三章は拙稿「「明治百年」に見る歴史意識　桑原武夫と竹内好を題材に」（『人文學報』第一〇五号）を全面的に改稿したものだ。

博士学位論文審査にあたっては、指導教員（主査）の北田暁大先生、審査委員（副査）の本郷和人先生、丹羽美之先生、佐藤健二先生、中河伸俊先生の各先生から、数多くの重要なご指摘をいただいた。ここであらためて、心から御礼を申し上げる次第である。二〇一六年八月に実施された第二次予備審査、ならびに、同年一二月の最終審査は、ともに、学問的な刺激と厳しさと喜びに満ちた、かけがえのない時間であり、今でもしばしば、そのやりとりをありありと思い浮かべる。

本文中にも書いたように、本書は、「戦後」と「元号」の対応関係を、社会学的に解き明かした。北田先生の言葉を借りて本書を大胆に要約すれば、**「元号が時代区分のインデックスとなったのは、全部「戦後」のせい」**と言えるのかもしれない。

最終審査の場で佐藤健二先生からご指摘をいただいたように、本書で扱っている時期は、昭和三〇年代から昭和四〇年代に限定されており、「歴史社会学」だけにフォーカスを絞ると、ややミスリーディングになる。本書の考察は、時代を限定しているがゆえに有効であり、一九七〇年代以降の「元号」に対する西暦の優位や、「平成」が終わりを迎えつつある現在における「元号」の位置づけにまで適応するのは、無理がある。よって、本書はタイトルをあらためて、より広い読者にも届けられるよう改稿を施した。

本書末尾でも掲げたように、「元号」をめぐる文化人類学的な視点に基づく探究や、本書が扱わなかった時期における「元号」の位置づけをめぐっては、これからの著作で明らかにしたい。ただ、二〇一六年夏以来、「平成」の終わりが急速に現実味を帯びるなか、「元号」についての原論として本書を世に問う意義は確実にあると信じている。

修士論文「元号の歴史社会学」を執筆していた二〇一二年以来、「元号」を研究し始めてから まだ五年間しか経っていないものの、ここに至るまでに本当に多くの方々にお世話になった。ただ、ひとりひとりお名前を挙げることは控え、折を見て個別に御礼を申し上げたい。

ここでは、本書の編集をご担当くださり、いつも適度なリズムで的確な助言をいただいた千葉乙彦さん、出版に向けて背中を押してくださった菱沼達也さん、企画を通すにあたって最初にご尽力くださった営業部の榎本周平さん、という青土社のお三方に、目一杯感謝したい。また、榎本さんにご紹介くださった、ジュンク堂書店池袋店副店長で、筆者の親類でもある田口久美子さん。田口さんには、昔からご心配ばかりおかけしているけれども、本書をもって、これまでのご厚情への返礼のひとつとしたい。

加えて、印刷会社の方々にも御礼を申し上げる。筆者が育った東京・板橋の印刷工場街は、「昭和」から「平成」に「元号」が移り変わる三〇年近くの時を経て、住宅街へと姿を変え、その「平成」から改元が見える今、筆者は本書を書いた。本という物質をこよなく愛する者にとって、印刷というインフラは不可欠であるがゆえに、印刷会社の方々に、記して感謝する次第である。

なぜ、「元号」をテーマにするのですか。と、たびたび聞かれるものの、筆者は明確な答えを出せない。ただ、何かわからないものの謎を解き明かすために、という答えだけは確かだ。自分にとって、なぜテーマにするのか、その理由すらもわからないからこそ、これまで「元号」と付き合ってきたし、これからも続けるほかない。

本書を世に送り出してくださった全ての方々、そして、手にとってくださった全ての方々に、衷心より御礼を申し上げる。

平成二九年七月の終わりに

著者　識

人名索引

あ行

か行

さ行

た行

な行

は行

ま行

や行

ら行

著者略歴

鈴木《すずき》　洋仁《ひろひと》

昭和55年東京都生まれ。東京大学大学院学際情報学府博士課程修了。博士（社会情報学）。京都大学総合人間学部卒業後、関西テレビ放送、ドワンゴ、国際交流基金を経て東京大学大学総合教育研究センター特任助教。専門は歴史社会学。著書に『「平成」論』（青弓社、2014年）。共著に、『映像文化の社会学』（長谷正人編、有斐閣、2016年）、『作田啓一 vs. 見田宗介』（奥村隆編、弘文堂、2016年）などがある。

「元号」と戦後日本

2017年9月 5 日　第1刷印刷
2017年9月15日　第1刷発行

著者———鈴木洋仁
発行者——清水一人
発行所——青土社

東京都千代田区神田神保町1-29　市瀬ビル　〒101-0051
［電話］03-3294-7829（営業）　03-3291-9831（編集）
［振替］00190-7-192955

組版————フレックスアート
印刷・製本——シナノ印刷

装幀——水戸部功

Printed in Japan
ISBN978-4-7917-7006-9　C0036